増補改訂版

小規模保育の つくりかた

待機児童の解消に向けて

貞松 成 ［著］

あっぷる出版社

はじめに

　2014年の「小規模保育のつくりかた〜待機児童の解消に向けて〜」の初版発行から約3年が経ちました。2014年からの待機児童数の推移は、21,371人（2014年）、23,167人（2015年）、23,553人（2016年）、26,081人（2017年）と上昇傾向にあります。※全て4月時点

　では、保育園は増えていないのかというと、24,425か所（2014年）、28,783か所（2015年）、30,859か所（2016年）、32,793か所（2017年）と増えています。そのうち、本書で扱う小規模保育に該当する地域型給付については、2,737か所（2015年）、3,879か所（2016年）、4,893か所（2017年）と急激に増加しています。

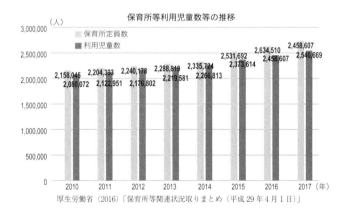

厚生労働省（2016）「保育所等関連状況取りまとめ（平成29年4月1日）」

　直近の保育園定員数と利用児童数の推移をグラフで見てみると、保育園の定員数は順調に増加していますが、利用児童数は同じようには増えていません。

　この原因はいくつか考えられます。一つは、都市部と地方の差です。

　待機児童問題は都市部の問題であり、少子化及び過疎化が進む地方では、定員割れしている保育園も少なくありません。

　もう一つは、2015年に施行された子ども・子育て支援法以後、本格的に保

育園が増加したことです。待機児童の8割以上は0～2歳児なので、保育園を新設すると、0～2歳児はすぐに満員になりますが、3歳児以上は定員に空きがある状態となることが、定員数の増加など利用者数が増えない原因として考えられます。実際に、保育園数が増加する一方で、在所率は低下しています。

厚生労働省（2016）「平成27年社会福祉施設等調査の概況」

　最後は、やはり保育サービスの供給不足であると考えられます。つまり、保育士不足です。正確には、待機児童が集中している地域で不足しています。
　これは保育士の待遇の改善等によっても解決しうる問題ですが、公定価格に処遇をどのように盛り込むかは検討がなされており、「副主任」や「専門リーダー」などの制度が2018年から実施される予定となっています。
　小規模保育が急激に増加してきた3年間の間に、その制度にも変化がありました。というのも、小規模保育には大きな利点とともに、多くの課題もあったためです。
　具体的には、小規模保育の発足前から議論されていた連携園の課題が依然として解決されておらず、その結果として3歳児以上も小規模保育で受け入れる流れになった自治体もあります。そして、19名の定員を22名にまで拡大する案も出されました。都心にマッチした規模感といえる小規模保育ですが、一部の都市では、さらなる保育需要の高まりから小規模保育の物件さえも十分に確保できない状況があります。大阪市などは庁舎型として市役所や区役所の一部を事業者に貸し出すこともしています。

以上のような変化に対応しつつ、結果として小規模保育は増加してきました。私は、都心における立地との整合性や規模感、0〜2歳児のニーズ、加配による厚い人員配置などの小規模保育の利点を考えると、これからも都心を中心にしばらくは増え続けると考えています。

　今回、増補改訂版の執筆にあたっては、できる限り最新のデータを揃えました。

　また、私が実際に運営してみて感じるミクロ視点の課題や対策なども書いていますので、参考になる部分もあると思います。

　保育園は、これからもなくてはならない施設だと考えています。本書が、保育を民間の事業として実現可能かどうかを検討する材料の1つになれば幸いです。

　なお、小規模保育には、A型＝認可保育所分園型、B型＝中立型、C型＝10名までのグループ保育型の3つのパターンがあります。それぞれの基準については、次ページの資料をご参照下さい。本書では、主にB型の中立型について書き進めていきます。

■ 全国共通基準
■ 自治体によって異なる基準

	A型 【保育所分園に近い類型】	B型 【AとCの中間的な類型】	C型 【家庭的保育型】家庭的保育【[グループ型小規模保育]に近い類型】
保育従事者の資格	・保育士 ※0～2歳児4名以上受け入れる場合、保健師又は看護師を1人に限って保育士としてカウント可	・保育士＋保育従事者（一定の研修を受けた者） ※0～2歳児4名以上受け入れる場合、保健師又は看護師を1人に限って保育士としてカウント可 ※保育士割合は1/2以上 ※保育士比率が上昇した場合、公定価格上、段階的に対応していくこととして、保育士比率の上昇を促していく仕組みを検討	・家庭的保育者 ※市町村長が行う研修を修了した保育士、保育士と同等以上の知識及び経験を有すると市町村長が認める者
職員数	・0歳児3:1.1、2歳児6:1+1名 ※保育所と同じ比率の職員配置数+1名	・0歳児3:1 ・1、2歳児6:1+1名 ※保育所と同じ比率の職員配置数+1名	・0～2歳児3:1（補助者を置く場合、5:2）
給食	・自園調理（調理業務の委託可。連携施設等からの搬入可。 ※社会福祉施設、病院を含む。へき地・離島については学校、学校給食センター含む）・調理設備（通常のキッチン設備を基に、利用定員に応じた設備内容。搬入する場合は、提供に当たって必要な加熱、保存等の調理機能を求める）・調理業務に従事する調理員の配置（ただし、調理業務の委託を行う場合及び連携施設等からの搬入とする場合は、調理員の配置は不要） ※現在自園調理を行っていない事業から移行する場合は、平成31年度末までの間に体制を整える前提で、経過措置を設ける ※円滑かつ適切に給食を提供できるよう、連携施設その他の栄養士に嘱託する形で、アレルギー児対応を含め、給食内容に係る相談・助言を行う体制を設ける		
設備・面積	・乳児室又はほふく室0、1歳児:1人3.3㎡ ・保育室2歳児:1人1.98㎡ ・屋外遊戯場（付近の代替地可）の設置 ・屋外遊技場の面積2歳児に対し1人3.3㎡	・乳児室又はほふく室0、1歳児:1人3.3㎡ ・保育室2歳児:1人1.98㎡ ・屋外遊戯場（付近の代替地可）の設置 ・屋外遊技場の面積2歳児に対し1人3.3㎡	・乳児室又はほふく室0、1歳児:1人3.3㎡ ・保育室2歳児:1人3.3㎡ ・屋外遊戯場（付近の代替地可）の設置 ・屋外遊技場の面積2歳児に対し1人3.3㎡
耐火基準等	【保育所に準じた上乗せ規制あり※更に検討】 ・保育室等を2階以上に設置する場合は耐火・準耐火建築物であること ・消火器等の消火器具の設置 ・非常警報器具の設置 ・保育室等を2階以上に設置する場合には、手すり等の乳幼児の転落事故防止設備を設ける ・避難階段については、当面、現行の認可保育所に準じた取扱い ※建築基準法、消防法等との関係については、保育所、家庭的保育事業に関する位置付けを基本として各規制について整理		

連携施設	・「保育内容の支援」及び「卒園後の受け皿」の役割を担う連携施設の設定（必ずしも1:1の関係でなくても可） ※離島、へき地等で他に教育・保育施設が存在しないなど、連携施設の設定が著しく困難であると市町村が判断する場合においては、この限りでない（特例措置） ※連携施設の確保・設定が困難であり、更なる環境整備が必要と市町村が判断した場合、平成31年度末までの間、市町村は、連携施設の設定を求めないことができる（経過措置） ・嘱託医（連携施設と同一の嘱託医に委嘱も可）

地域型保育事業の位置付け

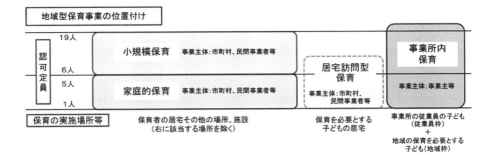

内閣府資料より作成

目次

第1章 保育園の経緯 ……………………………… 11

第2章 保育園開業の実態 …………………………… 27

第3章 開業までのスケジュール …………………… 39
 1 業態の決定 …………………………………… 42
 2 経営目的・保育理念の立案 ………………… 44
  ● 保育所保育指針について ………………… 46
 3 事業計画 ……………………………………… 46
 4 候補地の選定 ………………………………… 49
 5 マーケティング ……………………………… 50
 6 工事見積り …………………………………… 51
  ● 一級建築士と相談する …………………… 52
  ● 工事会社を探し当てる …………………… 52
  ● 子ども目線からの工事内容 ……………… 53
 7 資金調達 ……………………………………… 54
  ● 日本政策金融公庫 ………………………… 54
  ● 信用保証協会 ……………………………… 55
  ● 親族・知人からの融資 …………………… 55
  ● 資金の使途内容 …………………………… 56
 8 許認可申請・資格・保険など ……………… 58
 9 求人募集・採用・訓練 ……………………… 59
  ● 求人・採用 ………………………………… 59
  ● 求人について ……………………………… 59
  ● 採用について ……………………………… 60

- 訓練 ……………………………………………………… 62

第4章 マーケティングから見た立地選定 …………… 65
- 物件調査のポイント ……………………………… 70

第5章 マネタイズ …………………………………………… 73
1. 創業にあたって必要な資金 …………………………… 76
2. 銀行からの融資を得る ………………………………… 78
3. 助成金や特例融資制度を活用する …………………… 79

第6章 行政アプローチ ……………………………………… 83

第7章 魅力ある設計とデザイン …………………………… 95

第8章 備品の購入 …………………………………………… 103

第9章 開業における税務知識 ……………………………… 113
1. ローンとリース ………………………………………… 115
2. 減価償却と資産計上 …………………………………… 116

第10章 リスクマネジメント ………………………………… 119
1. 保育の事故 ……………………………………………… 122
2. クレーム ………………………………………………… 124
3. コンプライアンス（法令遵守）……………………… 128
   - 人員配置 ……………………………………………… 129
   - 書類上の不備 ………………………………………… 129

第11章 時間圧縮マネジメント … 131
1 ITを活用する経営 … 135

第12章 開業時のトラブルとその解決法 … 139
1 工事関連のトラブル … 142
2 大家さんや近隣住民とのトラブル … 144
3 労務関連のトラブル … 147
4 金銭上のトラブル … 148
5 備品上のトラブル … 149

第13章 開業後のチェックポイント … 151
1 電話応対 … 154
● 入園までの流れ … 154
2 見学の時間帯 … 155
3 面談でのポイント … 156
4 入園後2週間は慣らし期間 … 157
5 給食について … 174
6 保険内容について … 174
7 嘱託医について … 175
8 連携施設について … 176

第1章　保育園の経緯

小規模保育の説明に入る前に、日本の保育の経緯を簡単に振り返っておきましょう。

　ドイツのフレーベルがキンダーガルテンをつくったのは1840年（天保11年）です。天保年間といえば、日本がようやく海外に意識を向けはじめた時代です。
　当時の日本は鎖国中だったため、西洋から幼児教育の考え方が入って来たのは明治維新の頃でした。
　江戸時代においては今のような保育の形態はありませんでしたが、日本独自の幼児教育も散見されます。
　当時、0歳児は教育の対象ではなく、1〜5歳が幼児教育の対象と考えられており、家庭で教育され、しつけを重要視し、簡単な数、文字、右と左の区別などが教えられました。
　「三つ子の魂百まで」という諺は今でも有名ですが、これはもともと江戸時代後期の思想家である林子平（1739〜1793）の「父兄訓」に書かれている言葉です。
　幼児前期（2〜3歳児）は、「読書算の知育」、「行儀、しつけ」を主としていて、絵本とおもちゃを使った「筆を使って墨で紙に書く」、「物の概念」を教え、次の「教法」が重んじられたといわれています。
　1）まずは教材を使って遊ばせること。
　2）筆で遊ばせたりして、物事に興味を持つように仕向けること。
　3）この時期に難しいことは教えないこと。
　この方針は今の保育にも通じるものがあります。

　また、習慣については厳しく、大人になってからは改善が困難とされていたため、「嘘」や「わがまま」は決して許さないとされていました。箸を右手で

持たせることも習慣とされました。厳しいようですが、当時は親の責任が極めて強く、厳しく躾けなければ、現実的に親が困るから、という文化があったためです。

4歳、5歳からは寺小屋へ通い、ここでは目上に対する挨拶の仕方や言葉使いを教え、行儀・言葉・挨拶などの形式を重視しました。

やがて文明開化の風潮のもと、明治時代から幼稚園や保育施設が設立されるようになってきました。

1876年（明治9年）に東京女子師範学校附属幼稚園が開設され、1887年（明治20年）には、京都を中心に67（官立53、私立14）の幼稚園がありました。

当時の一日の流れは、「登園→整列→遊戯室（唱歌）→開誘室（庶物語）→戸外遊び→整列→開誘室（恩物）→体操→昼食→戸外遊び→開誘室（恩物）→帰宅」であったと記録があります。（恩物とは、フレーベルが考案した一連の教育遊具、今でいう玩具の総称）

明治政府は、日本の教育普及のためには翻訳事業が極めて重要であるとしていたように、日本の幼児教育は、諸外国を倣ったものがほとんどでした。

日本で最初に外国の幼児教育が紹介された本は「子育の巻」（1875年、近藤真琴著）でした。1873年にウィーンの万国博覧会を視察してきた著者が、持ち帰ったものです。この中でフレーベルの童子園についての記述があります。

日本初の幼稚園の教科書は「幼稚園」（1876年、桑田新五訳）です。フレーベルの創造主義の保育についてさらに詳しく書かれています。

明治後期の特色の一つは私立幼稚園の急拡大であり、1887年には67か所だった幼稚園は1912年には533か所にまで増え、そのうち私立が309か所と58％を占めています。この頃の幼稚園教諭免許は、まだ女子に限られ、かつ小学校の免許の保有が必須でした。

幼稚園が増えた一方で、子どもを預かるだけの託児所も作られるようになりました。1890年には、鳥取県に「下味野村子供預り所」が設置され、1894年には、大日本紡績会社の工場内に事業所内保育所が設置されています。

日本初の幼稚園が1876年の東京女子師範学校であったのに対し、日本初の保育所（託児所）は1910年の新潟市の家塾静修学校の付属施設であるとされています。（当時の保育日誌、月間雑誌、当事者からの聞き取り調査、当時の新聞、国や県の資料などの文献が確認できた文献資料により判断ができたもの）

　保育内容については、当時の保育規定によると、実物を見せながら談話する「説話」、正しい言葉と整理整頓を教える「行儀」、指と目を動かす「手技」、「唱歌」、「遊戯」などであり、積み木や環（輪）の連結などと一緒に「自他の関係を知る」という社会性に関するものもありました。
　設備については、当時面積基準はありませんでしたが、東京女子師範学校附属幼稚園をモデルにしていたため、園舎全体の面積が742.5m^2で定員が120名（6.2m^2／人）であったため、現代とほとんど同じくらいであったと判断できます。

　大正時代は、明治後期から引き続き幼稚園が増えた時期でした。それでも、小学校の就学児童のうち幼稚園修了児は3.6％にとどまりました。
　そのような中、1926年には「幼稚園令」が発令され、その内容は「幼稚園に託児所的な機能を担わせる」というものでした。
　この時代の教育目的は「教育ニ関スル勅語」によって決められていたため、自由な思索の余地がありませんでした。
　その分、保母（当時は保姆と表記していた）のエネルギーは保育方法の中身にむけられていました。具体的には、幼児室から黒板を外してグループ机を設置したのもこの時代です。それまでの小学校方式とは全く異なる自由な教育方針となり、次第に放任保育になりながら、教育的思想のない、預かることを目的とした現代の託児所へと繋がっていきました。
　大正時代には託児所の保母には法的な資格はなく、「お守さん」という呼称だったようです。
　当時の東京市の託児保育規定には、「幼児は一般幼稚園の規定に準じこれを訓育す」とされており、この頃から、保育は幼稚園とは違い「幼児の個人的発達を助けるもの」という役割を持つようになっていきます。

大正時代の保育園の日案を見ると、「十時会集→自由遊び→昼会集→箸並べ（絵本）→自由遊び→会集」とあります。会集は談話や手技と同価値とされていましたが、東京女子師範学校附属幼稚園の主事でもあった児童心理学者、倉橋惣三の影響もあり、一か所に集めて同じことを行う保育への批判が強くなった一方で、これまで通り一か所に集まって同じことをし、共同性を育む意見も依然として根強く、意見は別れました。
　当時の大阪市保育会の資料によると、会集では「君が代」の唱和などがあり、このような会集は子どもを緊張させると非難されていたようです。
　結局、「会集の時間を短くする」、「会集を隔日または週に一度にする」という合意形成がなされました。
　1899年から、保育項目が遊戯、唱歌、談話、手技の4つに分けられました。遊戯は随時遊戯と共同遊戯の2種類がありましたが、次第に、児童中心主義となる随時保育の時間が増え、恩物を使って型に嵌めるフレーベル式が批判されるようになっていきます。恩物の代わりに流行したのが、戸外ではブランコやシーソーなどの固定遊具が、室内では鬼ごっこや軍隊ごっこ、電車ごっこ、枕投げやあやとりなどでした。
　1919年には、神戸や大阪の幼稚園で子どもの体力測定をした結果、幼児の疲労回復には午睡が必要であるとし、この頃から午睡がはじまりました。

　昭和に入ると、日本は軍事国家の道を辿り、1941年に第二次世界大戦が開戦され、保育目的が「立派な兵隊や聖戦に協力できる人を作ること」になり、小学校以上ほどではありませんが、挨拶・規律・行儀などの生活指導が重視されるようになります。
　この頃（1941年1月）、「人口政策確立要綱」が決定されます。1960年までに内地の総人口を1億人にするために、平均婚姻年齢を3年早め、一世帯の出生数を平均5人にするという計画でした。
　現政府が掲げる「希望」出生率を1.8とするような目標ではなく、あくまで希望という数字でもなく、要綱として決定されたこと、さらには一世帯5人という目標の高さにも驚きますが、実際に団塊世代といわれる1947〜1949年の

出生数の合計が約700万人にのぼったことにも目を見張ります。

　昭和初期の幼稚園の数は1,000か所程度で、園児数も10万人足らずでしたが、昭和も10年を過ぎると2,000か所になり、園児数も15万人へと急増しました。(うち、個人立幼稚園53％、残りは宗教団体及び婦人団体)
　一方の常設託児所も、昭和元年の300か所から、昭和13年には1,500か所へと激増していることから、需要の高さが伺えます。

　託児所の役割が「家庭生活の改善向上」を図ることに移行してきており、先述の倉橋惣三は「家族全員の多忙によって我が子の教育を十分ならしめ難き事情においては、単に経済上の貧家庭にのみ、この種施設の急務があるということではなくなってきた」とし、託児所は子供を受け取って世話する場所というよりも、その家庭ぐるみに世話をせずにはいられない本来の性質を持つ、としていることも、現代の保育所や保育士が担う、保護者への助言の役割に通じるものがあります。
　しかし、この頃まで、託児所を法的に位置付ける措置は取られておらず、託児所保姆の資格の問題も未解決でした。

　戦後になり、保育園は、「児童福祉法」の成立（1948年1月1日施行）により、正式に国の「児童福祉施設」として認可されるようになりました。
　児童福祉法では、その第一条に「すべて国民は、児童が心身ともに健やかに生まれ、且つ、育成されるよう努めなければならない」、第二条に「国及び地方公共団体は、児童の保護者とともに、児童を心身ともに健やかに育成する責任を負う」と定めています。この考えに基づいて、子どもの年齢ごとに何人の保育者と保育士が必要か、建物（園舎）や室内の面積がどのくらい必要か、などの最低限の基準を定めました。
　発足当時は、保育園数2,591か所、園児数21万6,887人と、2017年時点の保育園数3万2,793か所、定員数273万5,328人と比べても遥かに少ない数字でした（出典：「保育所等関連状況取りまとめ（平成29年4月1日）」雇用均等・児童家

庭局保育課）。

　しかも、1948年当時においても、公立が775か所、私立が1,816か所であり、私立保育園のほうが圧倒的に多い状況でした。

　その後、公立保育園が増え、私立保育園を追い越したのは1955年のことです。しかし1975年頃から徐々に公立と私立の差が縮まり、現在ではまた圧倒的に私立保育園が多くなっています。（図1参照）

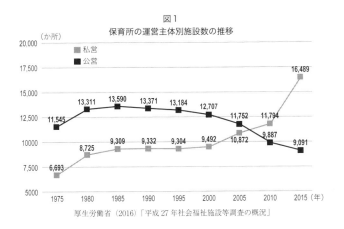

図1
保育所の運営主体別施設数の推移

厚生労働省（2016）「平成27年社会福祉施設等調査の概況」

　その背景には、1954年に当時の厚生省児童局が出した指示としての、保育園利用条件の解釈の縮小化があります。

　それは、子どもは「本来家庭で育てるもの」という考えのもと、入所審査を厳しくしていくようになったからです。

　1960年代は、高度経済成長の時期です。家電製品が普及し、住宅ローンなどが推進されて、サラリーマンを中心に住宅の購入が進みました。日本人の消費傾向は高まる一方でした。その過程で女性の就労意欲も高まり、1967年には女性就労者が1,000万人を超え、1969年には既婚就労者が未婚就労者を上回りました。

　一方、1960年代の高度経済成長期に入る直前の1958年には、保育単価制への移行が行われ、今の保育料徴収基準の原型が作られました。これにより、所得に応じて保育料が決定されるようになり、高所得者は高額保育料を支払うこ

とになりました。保育に対する国家予算は、当時から厳しいものでした。

この頃から増えてきたのが、無認可保育園です。

1985年には、雇用機会均等法が施行され、女性が正社員として労働に参画していくことが法律で定められ、働く女性の数が増加することになります。

1994年には、今後10年を目途に子育てのための社会的支援に取り組むとした「エンゼルプラン」、1999年には少子化政策の具体的実施計画としての「新エンゼルプラン」などの施策が打ち出されます。ここでは児童福祉法が改正されるなどの大きな変化はありませんでした。しかし、1990年代中盤には、共働き世帯数が専業主婦世帯数を超えたのです。（図2参照）

図2
共働き世帯数の推移

厚生労働省「厚生労働白書」、内閣府「男女共同参画白書」、
総務省「労働力調査特別調査」（2001年以前）及び総務省「労働力調査」詳細集計（2002年以降）

第1回目である1998年から2004年までの参議院の「共生社会に関連する調査会」についても、まずは男女の共生から議論がスタートしており、この時はDV防止法案に関する議題でしたが、男女の共生を中心としたテーマであったことは、今も続く、少子高齢化、地域活性化の議論へと発展していくためにも重要な起点であったといえます。

そして、まさにこのような社会の需要に迫られたかのように、2001年5月からは、大都市の保育事情に応えるために、東京都は独自の基準で定めた東京都認証保育所の制度を制定しました。この認証保育所は、「行政の目の届くところに預けたい」、「送り迎えの便利な場所で預かって欲しい」、「退社時間の遅い

人に対応して欲しい」、「充実したカリキュラムで保育を受けさせたい」などという、保護者の要望に応えるために設けられたものです。しかし、最近の傾向としては認証保育所から認可保育園への転換により認証保育所の数自体は減少してきています。（図3参照）

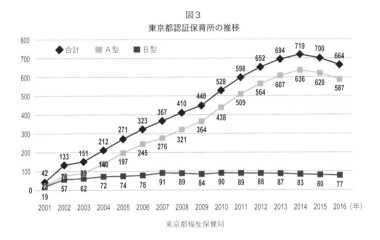

代わりに増えてきたのが、こども園、認可保育園、小規模保育です。
特に、地方におけるこども園の増加には目を見張るものがあります。（図4参照）

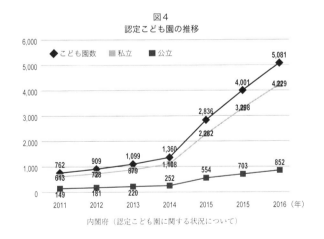

以上が、ざっとではありますが、近代以降の日本の保育に関する歴史です。

そして今もなお、問題になっているのが待機児童（正式には、「保育所入所待機児童」）です。これについてはいまだに解消の目処が立っていません。（図5参照）

特に、人口集中を背景に、都市部に集中しています。（図6参照）
待機児童問題の大きな原因は、東京一極集中です。

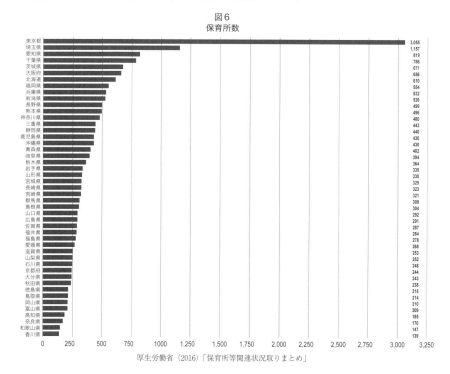

また、待機児童数のほとんどは0〜2歳児であることから、小規模保育は即効性があるともいえます。（図7参照）

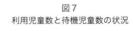

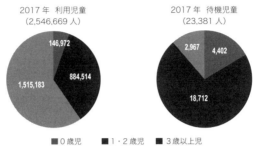

厚生労働省（2017）「保育所等関連状況取りまとめ」

　そんな折、2015年4月から新たに施行された法律が「子ども・子育て支援法」（平成24年8月22日法律第六五号）です。私は、この新法令を、21世紀という社会状況に適応する保育形態を可能にするものではないかと思っています。
　この「子ども・子育て支援法」とは、子ども子育て関連三法（①子ども・子育て支援法案、②総合こども園法案、③関連法律の関係整備法案）のなかの1つです。そして、この支援法の1つの柱として掲げられたのが「小規模保育事業」です。
　これは、当時、40万人分の保育定員を確保するための「待機児童解消加速化プラン」の一つとして、0歳から3歳未満児までを対象に、定員6名から19人以下の少人数保育園の設置を推し進めようとするものでした。
　これまでの認可保育園は、一部の自治体を除き、現実的に社会福祉法人のみの設置となっており、保育園を作りたいと思っても、だれもが設置できるものではありませんでしたが、小規模保育はこれまでの認可保育園とは別に、全く新しい制度で保育の場を広く提供しようとするものです。（図8参照）

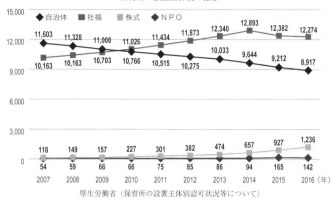

図8
保育所の設置主体別の推移

厚生労働省（保育所の設置主体別認可状況等について）

　つまり、株式会社やNPO法人などでも設置が可能になったのです。すでに事例もあります。また、設置や運営の基準も新しくなっています。たとえば、認可保育園では、保育者の全員が国家資格を取得していることが義務付けられていますが、小規模保育の場合には、保育者の半数が国家資格を有し、もう半分は研修を受講した者を配置するとされており（B型の場合）、さらに1人の保育者の加配義務となっています。

　ちなみに、待機児童解消加速化プランは、「5本の柱」からなっており、
①賃貸方式や国有地も活用した保育所整備（「ハコ」）。
②保育を支える保育士の確保（「ヒト」）。
③小規模保育事業など新制度の先取り。
④認可を目指す認可外保育施設への支援。
⑤事業所内保育施設への支援。
の5つの要素が支援パッケージとなっています。

　小規模保育は、19人以下の少人数を加配による厚い人員配置で行う保育であるため、子ども一人ひとりの行動に目が届くだけでなく、個性に合わせた保育が可能になります。また、集団生活になじめない子どもにも適応しやすい環境づくりが可能ですし、保育に対する保護者の不安も解消できます。その日の子どもの状態に合った形での活動に臨機応変に対応することができます。

なんらかの配慮が必要な子どもの場合、基本的にはグループを小さくしていくことで対応していきます。最初から小さくグループ分けされている小規模保育は適しているともいえます。

　さらに、この制度では、市町村による認可事業として位置付けられており、財政支援を受けることができるだけでなく、保育ニーズがある地域で事業主から保育園設置の届け出があった場合、特別な理由がない限り、原則として認可しなければならなくなります。

　このような動向を追っていくと、私は、今後、小規模保育事業と事業所内保育施設が社会的に果たす役割が非常に大きくなるのではないかと考えています。あくまで、これまでの私の経験からの実感値ですが、今日の日本の現状をかんがみた時に、より迅速に、より現実に沿った形で、問題に対処することができると思うからです。

　たとえば都市部では、認可保育園としての立地条件や物件条件に制約が多くなります。そう考えると、駅前などにピンポイントで開設できる小規模保育が適しています。また、都市部ほど人口密度が高くない地方においては、就業場所と一体化できる事業所内保育施設が適しているのではないかと考えています。

　私は認可保育園、小規模保育、事業所内保育を経営しており、今も運営しています。

　小規模保育、事業所内保育、この両方の保育施設についてまとめて書くと、内容が煩雑になるので、本書では、小規模保育の実務を中心に説明を進めることにし、こども園や認可保育園、事業所内保育に関しては別書に譲ることにします。

　本書では、私が今までに経験してきた実務を中心に、具体的なノウハウを、惜しまずに紹介していきます。

　この本を読んで保育業界に参入したいと考えておられる方は、中小企業や個人の方が多いのではないかと思いますが、全くの異業種から参入する法人や、すでに医療や介護などの社会福祉事業を営んでいるが保育は初めてという法人の方などさまざまいらっしゃるかと思います。

もし、この本をお読みのみなさんが、初めて保育の世界に参入しようと考えておられるなら、全ての手続きを自分でできるのか、条件を満たした物件を探し出して契約までこぎ着けることができるのか、銀行融資は実行されるのか、多種多様な保育者との組織作りを上手にできるのか、保育の質はどのように高めるのか、経営が成り立つ運営ができるのか、などという不安が出てくるのではないかと思います。そういった不安に関しても、それを解消できるように、逐一、踏むべき手順を説明していきます。

　すでに、半数以上の認可保育園が民間によって運営されているように、これからは保育がますます民間に開放されるようになると思われます。

　本書が、これから新たにこの事業に参入される方々の参考になってくれることを願うと同時に、せっかく保育という事業に参入されるのであれば、より質の高い保育の実現に、本書がそのお役に立てれば、この上ない幸せです。

〈参考文献〉
日本保育学会（2010）「日本幼児保育史」日本図書センター
厚生労働省　各資料

第2章　保育園開業の実態

小規模保育とは、主に0歳から2歳までの子どもを対象にした定員19名までの保育園です。
　また、良質な保育を提供したい、保護者と子どもがより満足のできる保育環境をつくりたい、というようにある部分を意識的に特化させた小規模保育もあります。このように、小規模での保育だからこそできることがあります。
　しかし、小規模保育事業を創設した最大の目標は、あくまでも早急に求められている「待機児童」を解消することにあります。それほどに、待機児童の解消は、大きな問題として対策を迫られているのです。
　現実的に考えてみると、東京都には2017年4月の時点で、都道府県最多の8,586人の待機児童がいます。しかも、今後数年間は出生率が上がると予想されています。その根拠として挙げられるのは、20代、30代の女性が都市部（東京都）に集中する傾向にあるという最近の統計（この統計は、将来消滅する自治体が相当数あるということでも話題になりました）と、オリンピックが催される都市では出生率が上がるという過去の統計があるからです。1964年の東京オリンピックの翌年には出生率が0.9増加しており、2008年の北京五輪、2012年のロンドン五輪でもベビーブームが起きています。出生率はさまざまな要素が重なった結果ですので、オリンピックという要素だけでは確定的なことはいえませんが、2020年にオリンピックのある東京でも出生率が上がる可能性は否定できません。ただし、出生率と出生数は同義ではなく、出生率が上がっても「数」は減少することはあり得ます。また、出生率を正確に的中させることは困難とされています。
　また、仮に保育が目標通りに供給されるとして、第1子が保育園に入園できたことで第2子の誕生がうながされるという別の統計もありますし、政府の人口政策によっては、人口の減少傾向自体に変化が生じるかもしれません。
　しかし、保育への要求が高まってくる一方で、保育が求められる場所に土地

や建物が足りなくなっているのも事実です。そして、保育の場を提供するためには、今後ますます小規模保育というかたちでの保育施設の創設が求められていると実感するのです。

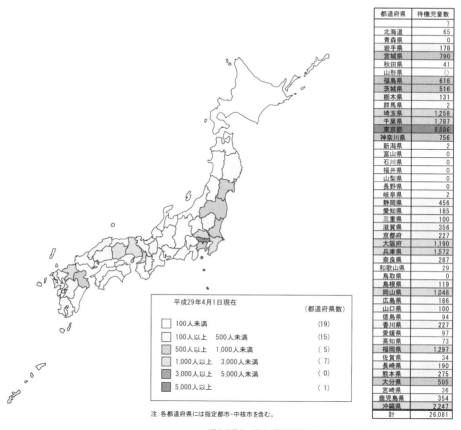

厚生労働省　保育所等関連状況取りまとめ（平成29年4月1日）より抜粋

　ところで、待機児童が多い、保育園数が足りないという実態は把握できたとして、現在の保育園の実態はどうなっているのでしょうか。

　認可保育園の施設数や入所児童数は、はじめに述べましたが、無認可保育園についてはどうでしょう。

　厚生労働省の統計によると、施設数と入所児童数の数値は表の通りになっています。

【平成27年度　認可外保育施設の現況】

施設の数は計6,923か所であり、前年（8,038か所）から1,115か所減少している。

Ⅰ　施設数、入所児童数の状況

1．施設数

平成28年3月31日現在の認可外保育施設数は前年と比較し1,115か所（13.9％）の減少となっている。

（単位：か所）

区分	28年3月現在 施設数	27年3月現在 施設数	増　減
ベビーホテル	1,579 (1,427)	1,749 (1,593)	▲170
その他の認可外保育施設	5,344 (4,835)	6,289 (5,795)	▲945
計	6,923 (6,262)	8,038 (7,388)	▲1,115

※　（　）内は「届出対象施設」の数。
※　平成28年3月1日現在の認可保育所等（認可保育所、幼保連携型認定こども園、保育所型認定こども園のことをいう。以下同じ。）の数は、25,591か所。

＜ベビーホテル、その他の認可外保育施設の変動状況、増減理由＞

○ベビーホテルの変動状況、増減理由　　　　　計　▲170か所〔▲18〕

増加理由
- ●新設・新規把握・・・・・・・・・・・・・・151か所〔　179〕
- ●移行（※1）・・・・・・・・・・・・・・・・　45か所〔　 37〕

減少理由
- ●廃止・休止・・・・・・・・・・・・・・・・▲165か所〔▲161〕
- ●転換（※2）・・・・・・・・・・・・・・・・▲ 64か所〔▲ 67〕
- ●認可の施設・事業への移行・・・・・・・・・▲137か所〔▲ 6〕

（認可の施設・事業への移行の内訳）　　　　　（単位：か所）

認可保育所（保育所型 認定こども園を含む）	29	小規模保育事業	103
		事業所内保育事業	2
幼保連携型認定こども園	2	家庭的保育事業	1

2．入所児童数

入所児童数は 177,877 人で、前年と比較して 23,653 人（11.7％）の減少。
年齢別では、0〜2歳児は 92,561 人、3歳以上の児童は 78,444 人となっている（就学前）。
なお、この他に両親が夜間働いているなどの理由で利用している小学校入学後の学童も 6,784 人いる。

（単位：人）

区分	28年3月現在 入所児童数	27年3月現在 入所児童数	増減
ベビーホテル	30,121	32,523	▲2,402
その他の認可外保育施設	147,756	169,007	▲21,251
計	177,877	201,530	▲23,653

※平成28年3月1日現在の認可保育所等の入所児童数は 2,477,466 人。

〇年齢区分別入所児童数

（単位：人）

| 区分 | 年齢区分別内訳 ||||||| 合計 |
	0歳	1歳	2歳	3歳	4歳以上	学童	不明	
ベビーホテル（割合） 〔前年度〕	3,173(11%) 〔3,618〕	6,800(23%) 〔7,458〕	6,598(22%) 〔7,542〕	5,053(17%) 〔5,315〕	6,871(23%) 〔7,053〕	1,601(5%) 〔1,506〕	25(0%) 〔31〕	30,121(100%) 〔32,523〕
その他の認可外保育施設（割合） 〔前年度〕	14,148(10%) 〔17,889〕	29,392(20%) 〔35,373〕	32,450(22%) 〔37,771〕	24,733(17%) 〔28,170〕	41,787(28%) 〔43,464〕	5,183(4%) 〔6,279〕	63(0%) 〔61〕	147,756(100%) 〔169,007〕
計（割合） 〔前年度〕	17,321(10%) 〔21,507〕	36,192(20%) 〔42,831〕	39,048(22%) 〔45,313〕	29,786(17%) 〔33,485〕	48,658(27%) 〔50,517〕	6,784(4%) 〔7,785〕	88(0%) 〔92〕	177,877(100%) 〔201,530〕

○その他の認可外保育施設の変動状況、増減事由　　　計　▲945か所〔117〕

増加理由 ●新設・新規把握・・・・・・・・・・・・・・・・・・・・・　456か所〔528〕
　　　　 ●移行（※3）・・・・・・・・・・・・・・・・・・・・・・・・・・　64か所〔60〕
減少理由 ●廃止・休止・・・・・・・・・・・・・・・・・・・・・・・・・▲481か所〔▲364〕
　　　　 ●転換（※4）・・・・・・・・・・・・・・・・・・・・・・・・・▲40か所〔▲31〕
　　　　 ●認可の施設・事業への移行・・・・・・・・・・・・▲944か所〔▲76〕

（認可の施設・事業への移行の内訳）　　　　　　　　　（単位：か所）

認可保育所（保育所型認定こども園を含む）	223	小規模保育事業	638
		事業所内保育事業	15
幼保連携型認定こども園	58	家庭的保育事業	10

「新規把握」・・・平成26年度以前に開設されていたが、27年度に新たに把握した施設。
「 移　行 」・・・（※1）平成27年度に、「ベビーホテル以外の認可外保育施設」から「ベビーホテル」に移行した施設。
　　　　　　　　（※3）平成27年度に、「ベビーホテル又は事業所内保育施設」から「その他の認可外保育施設」に移行した施設。
「 転　換 」・・・（※2）平成27年度に、「ベビーホテル」から「ベビーホテル以外の認可外保育施設」に転換した施設。
　　　　　　　　（※4）平成27年度に、「その他の認可外保育施設」から「ベビーホテル又は事業所内保育施設」に転換した施設。
「認可の施設・事業への移行」・・・平成27年度に、認可保育所等の子ども・子育て支援新制度の施設・事業に移行した施設
※〔　〕内は前年度の変動状況

<参考：平成28年3月現在の状況>

区分	0～2歳児	3歳以上児	合計
認可外保育施設	92,561（54％）	78,444（46％）	171,005（100％）
認可保育所等	1,024,868（41％）	1,452,598（59％）	2,477,466（100％）

※認可外保育施設の「3歳以上児」の入所児童数は、「3歳」及び「4歳以上」の入所児童数

厚生労働省　平成27年度認可外保育施設の現況取りまとめ（平成29年3月31日）

　2015年4月からは、子ども・子育て支援法のもと、新たに認可された保育園が増えました。その結果、保育事業は市場原理が働く競争社会ではなくなりました。すなわち、基準がある以上、どこの保育園に入っても同じ料金になりますし、保育者の人数もほぼ同じです。したがって、他の保育園との差別化をはかるには、保育の中身を充実させることしかなくなりました。

　従来は、無認可保育園が急激に増えて、認可保育園はなだらかに増えるとい

う傾向にありましたが、現在はこの傾向は当てはまらなくなったどころか、無認可保育園は減少傾向にあります。ベビーホテルは比較的減少数が緩やかですが、ベビーホテルが成り立ち得る範囲はかなり限られています。それなりの繁華街でなければ成立は難しいからです。たとえば、関東一円で考えると、東京の新宿や池袋、渋谷、錦糸町、千葉県の船橋、埼玉県の大宮、横浜や川崎の繁華街などのごく一部に限られると思います。実際は、小規模保育の対象外と考えたほうがいいでしょう。

ここで、保育園の種類とその性格について説明しておきます。

保育所の種類

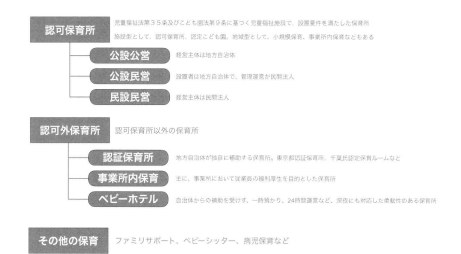

図からもわかるように、保育園はまず大きく「施設型保育」「地域型保育」の2つに分けられています。

認可保育園は、定員20名以上と規定されていますが、一般的には60名以上で運営されています。この認可保育園は、今後は施設型保育となり、保育園の広さや設備、職員の数や資格、保育内容について、国が設けた基準を満たした

ことによって認可された施設です。国や自治体から運営費が大幅に補助されています。園庭や調理設備が整い、保育料は世帯の所得に応じて決まります。

これに対して、小規模保育や事業所内保育、居宅訪問型（ベビーシッター）、保育ママ（家庭内保育）などは、子ども・子育て支援制度のもと、市町村による、地域における保育事業となり、児童福祉法に基づいて運営される保育の形態です。したがって、地域における多様な保育ニーズにきめ細かく対応しながら、質の高い保育によって子どもの成長を支援することが求められています。とくに小規模保育の場合には、19名までという少人数の園児かつ、保育士の人員配置も1名加配することが前提ですから、きめの細かい保育が可能になるわけです。

これまでのベビーシッターは、居宅訪問型保育というジャンルに区分けされ、さらに少数の子どもを保育に対応します。保育ママの場合は、1人で3人まで保育ができ、1人約10万円の保育単価として、3人で30万円の収入になり、しかも自宅での保育であるため家賃もかかりません。しかし、自宅を活用していることから、調理室などではシンクの数や調理室自体の設置など、設備的に満たせない場合もあります。一方、小規模保育の10名までのグループ保育（C型）は、3〜4人で保育するため、常に保育者が子どもの傍にいることができるため、組織だって運営し、事故が起きるのも防ぐことができます。

また、地域型保育の小規模保育と事業所内保育の違いは、小規模保育は都市型の電車社会で必要とされている形態なのに対し、事業所内保育は地方型の車社会で有効性のある形態です。これは、介護施設が街中にあるのではなく、自然豊かな郊外などにあるのと同じように、従業員が車で通う郊外の介護施設や事業所に保育施設を併設するのが有効的だからです。また、職場と一体化した事業所内保育は、潜在待機児童の解消にも繋がります。

ここでは、都市型待機児童の解消策として小規模保育について考えます。電車社会にあっては、親が通勤に向かう途中で預けられるように、駅の近くにあることが望ましいといえます。基本的には、駅から10分以内の範囲です。

認可保育園の場合、少なくとも約100坪の床面積が求められますが、駅の近

くに100坪以上の保育の基準を満たした物件を探すのは、それなりに難易度は高いです。その点、小規模保育の場合は25坪の広さがあれば、理論的には必要な設備は全て入ります。ちなみに、必要な設備とは、乳児室、ほふく室、保育室、事務室などをいいます。しかし、これらの設備をすべて揃えるためには、25坪では少し狭いでしょう。30坪、メートルでいうと90〜99平方メートルはあったほうが設計しやすいはずです。可能ならば40坪の広さがあるとレイアウトがとても組みやすくなります。ただし100平方メートルを超えると建築基準法上の用途変更が必要となりますので、その分の費用の計上や申請期間を考慮しなくてはなりません。

　用途変更とは、建築物の用途を変更し、登録することです。建物を新築で建築するときに、確認申請という手続きを役所の建築指導課で行います。どのような目的で建てる建物かを計画し、その計画の通りに建築します。したがって、小規模保育として建物を借りるに当たり、以前の用途から変更されることを申請する必要があります。たとえば従来は会社事務所だった建物を借りる時には、小規模保育（児童福祉施設等）として用途を変更します。ただし、介護と保育の場合には、使用面積が100平方メートルを超える場合には、この用途変更が必要となりますが、100平方メートル未満の場合には、用途変更の義務は生じません。

　現在も、さまざまな自治体で待機児童の解消を急いでいます。公有地を施設に転換するなどして、たとえば3つの認可保育園をつくれば、1か所60名定員として、合計で180人の待機児童を入園させることができて問題は解消されるのですが、なかなかそうはいかないようです。しかし、25〜40坪の施設を10か所つくることには可能性があるということになるかもしれません。これで、1か所19人として、190人の待機児童を解消できる計算になりますし、C型だと、より低い予算額で保育を供給できます。

　待機児童問題の多くは、0歳から2歳児までですから、20人未満の規模までの定員の範囲で、全く新しい制度を設計しました。ですから認可保育所では0歳から6歳児までの未就学児を扱えるのに対して、小規模保育での対象を0歳から2歳児まで保育できると限定されています。これは待機児童数の8割以上

が、0歳から2歳児で占められているからです。3歳以上は18％ぐらいです。このように、小規模保育では、0歳から2歳児までの待機児童問題の解消が可能になります。（2017年12月時点では、在園児については2歳から年齢が繰り上がって3歳児となっても引き続きその小規模保育で保育できるようにするという動きがあります）

第3章 開業までのスケジュール

本書をお読みになっている方の中には、実際に保育園を作ろうとするに当たり、なにからはじめたらよいかがわからない、また、なにがわからないのかがそもそもわからない、という方もおられることと思います。
　その理由の1つに、保育という仕事を、なにか特別な事業として捉えていることがあるのではないでしょうか。
　確かに、保育は他事業と比べると特別な部分もあります。それは、事業の対象が「子ども」であるということです。
　そして、許認可事業であるという点です。
　一概に許認可事業といっても、そのなかには免許、登録、届出などとあります。小規模保育はそのなかでも、どちらかというと公共事業に近い存在ではないかと思います。事実、公の事業を行うことになりますので、その意識を持つことは必要です。
　しかしながら、そのビジネスモデル自体としては、売上があり、仕入があり、人件費などの販売管理費があって、営業利益が残る、という収支構造であることにおいて、ほかの事業となんら変わりはないのです。
　子どもを中心に事業の全体像を把握することが必要だということです。

　では、具体的に小規模保育を開業するためにはどのような手順が必要なのであり、どのような工程を踏むべきなのでしょうか。
　すでに第2章で見てきたように、保育事業には、20名以上の保育を行う認可保育所をはじめ、定員19名までの小規模保育や事業所内保育、ベビーシッター、3名まで自宅でも行える保育ママなどがありますが、ここでは本書の目的である小規模保育についての全体像を把握するために、手順を追って説明していきたいと思います。

1 業態の決定

　小規模保育の最大の特徴は、保育する子どもの定員が少ない分、低コストで場所を確保でき、短期間で設備を整えることができるということにあります。おおむね、約半年で開業までこぎつけることができます。では、業態をどのように決めるべきかを考えていきましょう。

　小規模保育には、19名まで保育できるA型の認可保育所分園型、B型の中立型と、10名定員までを対象とするC型のグループ保育型があります（6〜7ページ資料参照）。

　A型・B型とC型で大きく異なるのは定員数です。

　C型では10名までですが、9名定員の場合、複数の小規模保育を展開したときに要するマネージャーを配置するには、もう少し利益が必要となります。つまり、C型の場合には、マネージャーを置くだけの利益をあげることが難しいのです。

　その理由は、保育する子どもが少ないために収入が少ないこと、そのため利益も少なく投資の回収が難しいなどです。たとえば、保育単価が平均10〜12万円と設定すると、月の収入が90〜108万円です。他にも家賃補助などの収入源は考えられますが、原則、そこから人件費や家賃などを支払うことになります。

　保育園の運営も1つの事業です。私は、事業は改善されていくことが必要だと考えています。その原資となる利益は適正に生むことが必要です。

　ただ、19名定員の小規模保育の場合には、必要な空き物件を得るための投資が基本となりますが、9名定員だとあまり投資の必要性のない、たとえばマンションの一部屋での開業も可能になります。こう考えると、C型でも十分に採算の取れる事業となります。要は、「マネージャーの配置」と「設備投資」と「将来的な展望」を考えて、どちらがよいかを検討するとよいと思います。

　ちなみに、両者を比べてみると、

	19名 100㎡	9名 70～80㎡
売上	350万円	120万円
人件費	160万円	80万円
家賃	35万円	15万円
諸雑費	35万円	10万円
利益	120万円	15万円

　保育ママが3～4名集まって小規模保育を経営するのでしたら、9名定員で月に15万円の利益でも維持していくことも十分に可能ですが、組織として小規模保育を行うにはもの足りない数字です。たとえば、急に保育者が足りなくなった時に、利益が15万円しかなければ、その補塡費として消えてしまうことになります。120万円の利益があればまだ半分以上は残ることになります。また、これに納税や間接費など販売管理費として会計処理しない数字も加算されます。ですから、組織として小規模保育を維持していくのであれば、19名定員が適正だということになります。

　組織としての体制をつくるためにはどうすればいいのでしょうか。仮に10か所の小規模保育をつくるとしてシミュレーションしてみます。この場合、10人の園長とマネージャーが3～5人は必要になります。マネージャーは、保育士としての有資格者であることが条件になります。ただし、各小規模保育に関わっているスタッフには保育に専念してもらうために、保育に関わる書類などの管理をすべてマネージャーに任せます。有資格者のマネージャーを置くことで、急に保育士に欠員が出た時のヘルプ体制を敷くことも可能です。

　保育に関わっている人に保育以外の業務が加わると、プレイングマネージャーとして働くことになり、時間配分が難しくなってしまった現場を見ています。ですから、保育以外の時間管理や事務作業などのことは、そのために配属している専門のスタッフと分業することで解決を図れると考えます。いわゆるマネージャーとは、事務作業のサポートと保育士の補助を行う役割です。可能であれば、2か所に1人のマネージャーは必要です。そして、さらに各マネージャーを統括する事業部長を1人配置し、10園すべての動向を把握しま

す。これらで1つのチームを形成します。

こういった組織を確立するのであれば、19名定員の小規模保育が望ましいと思われます。

小規模保育においては、自らが保育に従事する場合だと、保育が終わってからが管理職としての園長のひと仕事になります。いわゆる、保育に関わる作業だけでなく、保育所の行事立案や経営問題などにまで関わらざるを得ないのが実情です。保育以外の部分をマネージャーに任せればいい、というのがこれからの運営のあり方ではないかと思います。

もちろん、マネージャーを配属したとしてもすべての作業を円滑に進められるような状態になるとは言い切れません。今後、もしかしたら事務量、作業量は増えていくかもしれません。それに備えて有効活用したいのが、ITの導入です。これについては、11章「ITを活用する経営」で説明します。

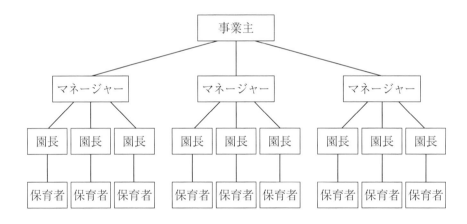

2 経営目的・保育理念の立案

小規模保育の事業をはじめるに際し、法人としての存在理由や保育の世界で実現したいことなどを明確にしたものが、経営目的であり保育理念です。どのような目的で事業をはじめたのか。どのような保育を目指しているのか。どのような未来社会を目指しているのか。このようなことを職員一同が共通の心構

えとして認識していることが、組織を健全に維持していくために重要になると考えられます。

　基本的に、経営目的には、法人の目的や経営のあり方や実現したい保育のあり方が盛り込まれています。したがって、経営目的には事業主の夢が、経営理念には実現したい将来像やビジョンが、社是や社訓ではその事業体の規則が記されているのが一般的です。さらに、これらが一貫した思いで繋がっていることが重要です。

　経営目的や保育理念があることで、求人広告を出すときにどのような人材を求めているかを明示することができますし、どのような思いで、子育て支援に関わっているのかを説明することによって保護者の理解も深まります。社員全員がきちんと自分の保育園の理念を理解していることが、社員同士はもちろん、保護者との信頼関係を築くことにも繋がります。

　とくに重要になるのが、人材の確保です。優秀な保育士の多くは金銭の損得勘定だけでは動きません。収入ということで考えるのなら、公立を除いて、どこで働いても条件的な相違は少ないのが保育の世界です。保育士は、自分が共感できるなんらかの要素を保育園に求めています。そんな保育士にとっては、どのような保育理念を掲げている保育園なのかが、最初の応募の動機になります。よりよい人材に応募してもらうためにも、保育理念は重要です。

　金銭的な条件だけで応募してくる人は、他にもっと条件面でいいところがあれば、すぐに移っていく人でもあります。やはり、採用した保育士とは長い期間にわたって一緒に働くというのを前提として考えるべきです。

　経営目的や保育理念は簡潔にまとめ、職員全員が覚えていて、すぐに言えることが肝心です。園長以下、保育士、スタッフの全員が、いつでも言えるくらいまで暗記できたら理想的だと思います。

　経営目的や保育理念は、保育士の採用だけでなく、候補地選びや園内の壁紙や備品配置のレイアウト、運営後の判断基準にもなってきます。なにか問題や仮題が生じたときに、「本来私たちは、どういった保育を目指しているのか」を確認できるもの、それが保育理念です。

● 保育所保育指針について

　保育所保育指針は、1965年（昭和40年）に保育所における保育内容の基本原則として制定され、保育園における保育の内容に関する事項と運営に関する事項が定められています。全国の保育園が一定の質を保ち向上を図るうえで保育所保育指針はとても重要なものであり、認可保育園だけでなく小規模保育にとってもそれは変わりません。

　保育所保育指針は数年ごとにその時の社会背景を基に改定されています。改定された際には、新たな内容を把握し保育に反映させていく必要があります。近々では、2017年に改定の告示がされ、2018年4月から新指針に拠った保育所運営が求められています。この改定は、①2015年の子ども・子育て支援新制度の施行、②0～2歳児を中心とした保育所利用児童数の増加、③児童虐待相談件数の増加、この3点の社会情勢の変化を踏まえ、内容が検討されました。

　改定の方向性としては、①乳児・1歳以上3歳未満児の保育に関する記載の充実、②保育所保育における幼児教育の積極的な位置づけ、③子どもの育ちをめぐる環境の変化を踏まえた健康及び安全の記載の見直し、④保護者・家庭及び地域と連携した子育て支援の必要性、⑤職員の資質・専門性の向上、となり、家庭との連携、幼稚園教育要領との整合性、障害のある子どもの積極的な受け入れなども盛り込まれています。特に①の乳児・1歳以上3歳未満児の保育に関する記載の充実は、小規模保育の対象年齢となることからも、小規模保育の運営において、内容の把握と理解は必須となります。2016年12月に行われた改定に関する検討では、小規模保育や家庭的保育等も踏まえて記載を工夫するといった対応も、課題の一つとして挙げられています。

3 事業計画

　事業計画は、本章7の「資金調達」にも関係する項目です。専門資格を持っている士業や専門のコンサルタントに依頼することも可能な項目です。

　これから事業としてはじめるにあたって、だれに対して、何を、どのように提供したいのかを説明していくために事業計画書が必要になります。自分のプ

創 業 計 画 書

〔平成　　年　　月　　日作成〕

お名前 ＿＿＿＿＿＿＿＿＿＿＿＿＿＿＿

1　創業の動機（創業されるのは、どのような目的、動機からですか。）

	公庫処理欄

2　経営者の略歴等（略歴については、勤務先名だけではなく、担当業務や役職、身につけた技能等についても記載してください。）

年　月	内　容	公庫処理欄

過去の事業経験	□事業を経営していたことはない。 □事業を経営していたことがあり、現在もその事業を続けている。 　（⇒事業内容：　　　　　　　　　　　　　　　） □事業を経営していたことがあるが、既にその事業をやめている。 　（⇒やめた時期：　　　　年　　月）
取得資格	□特になし　□有（　　　　　　　　　　番号等　　　　　　　）
知的財産権等	□特になし　□有（　　　　　　　　　□申請中　□登録済　）

3　取扱商品・サービス

取扱商品・サービスの内容	①　　　　　　　　　　　　　　　（売上シェア　　％） ②　　　　　　　　　　　　　　　（売上シェア　　％） ③　　　　　　　　　　　　　　　（売上シェア　　％）

		公庫処理欄
セールスポイント		
販売ターゲット・販売戦略		
競合・市場など企業を取り巻く状況		

4　取引先・取引関係等

	フリガナ 取引先名 （所在地等（市区町村））	シェア	掛取引の割合	回収・支払の条件	公庫処理欄
販売先	（　　　　　　　　　　）	％	％	日〆　　　日回収	
	（　　　　　　　　　　）	％	％	日〆　　　日回収	
	ほか　　　社	％	％	日〆　　　日回収	
仕入先	（　　　　　　　　　　）	％	％	日〆　　　日支払	
	（　　　　　　　　　　）	％	％	日〆　　　日支払	
	ほか　　　社	％	％	日〆　　　日支払	
外注先	（　　　　　　　　　　）	％	％	日〆　　　日支払	
	ほか　　　社	％	％	日〆　　　日支払	
人件費の支払	日〆　　　　日支払（ボーナスの支給月　　月、　　月）				

第3章　開業までのスケジュール

☆ この書類は、ご面談にかかる時間を短縮するために利用させていただきます。
　なお、**本書類はお返しできませんので、あらかじめご了承ください。**
☆ お手数ですが、可能な範囲でご記入いただき、借入申込書に添えてご提出ください。
☆ **この書類に代えて、お客さまご自身が作成された計画書をご提出いただいても結構です。**

5　従業員

常勤役員の人数 （法人の方のみ）	人	従　業　員　数 （3ヵ月以上継続雇用者※）	人	（うち家族従業員） （うちパート従業員）	人 人

※ 創業に際して、3ヵ月以上継続雇用を予定している従業員数を記入してください。

6　お借入の状況（法人の場合、代表者の方のお借入）

お借入先名	お使いみち						お借入残高	年間返済額
	□事業	□住宅	□車	□教育	□カード	□その他	万円	万円
	□事業	□住宅	□車	□教育	□カード	□その他	万円	万円
	□事業	□住宅	□車	□教育	□カード	□その他	万円	万円

7　必要な資金と調達方法

	必要な資金	見積先	金額	調達の方法	金額
設備資金	店舗、工場、機械、車両など （内訳）		万円	自己資金	万円
				親、兄弟、知人、友人等からの借入 （内訳・返済方法）	万円
				日本政策金融公庫　国民生活事業 からの借入	万円
				他の金融機関等からの借入 （内訳・返済方法）	万円
運転資金	商品仕入、経費支払資金など （内訳）		万円		
	合　　計		万円	合　　計	万円

8　事業の見通し（月平均）

		創業当初	1年後 又は軌道に乗った 後（　年　月頃）	売上高、売上原価（仕入高）、経費を計算された根拠をご記入ください。
	売上高　①	万円	万円	
	売上原価② （仕入高）	万円	万円	
経費	人件費（注）	万円	万円	
	家賃	万円	万円	
	支払利息	万円	万円	
	その他	万円	万円	
	合計　③	万円	万円	
	利益 ①－②－③	万円	万円	（注）個人営業の場合、事業主分は含めません。

9　自由記述欄（追加でアピールしたいこと、事業を行ううえでの悩み、欲しいアドバイス等）

ほかに参考となる資料がございましたら、併せてご提出ください。

日本政策金融公庫　国民生活事業HPより

ロフィール、どのような目的で行う事業なのか、どういうものをつくりたいのか、ターゲットはだれなのかなどを記述します。

　この事業計画書は、事業の全体を説明しているものとしてしばらくの間は使用しますので、早い段階できちんと作成しておくことが必要です。

　ここでは、いろいろと説明するよりも事業計画のサンプルを紹介しておきます。

4 候補地の選定

　すでに説明したように、小規模保育は電車社会を前提として考えられる保育形態です。したがって、駅の近くにあるということが大切な要素となります。ただし、「自分の居住地の近くに候補地を選ぼう」などと限定的に考えず、もっと幅広く考えて候補地は選定すべきです。

　候補地としては、駅近であることが前提となります。理想的には、改札やロータリーから見える範囲の駅前物件であり、駅から歩いて3〜5分の距離の駅近物件ですが、実際には大都市圏では難しいでしょう。10分以内ならばよしとするべきです。私が運営している園でも、駅徒歩12分というところがあります。

　また、家賃としては高くても月額45万円に押さえるべきです。坪単価でいうと約1万1,000円以内です。駅から5分以内の場所で、坪単価1万円前後というのはなかなかありませんが、10分以内まで範囲を広げることで候補地が見つかる可能性が高くなります。ただ、簡単に見つけられるかというとそうでもありません。また、坪単価という指標にこだわらずに、絶対額でも判断すべきです。坪単価が8,000円でも、100坪だと80万円になります。これでは収支が成り立ちません。絶対額としては45万円くらいが上限と考えていいと思います。物件が広いと、それだけレイアウトも組みやすくもなりますが、同時に工事費も掛かります。

　いろいろ探してみて、駅から10分以内で、坪単価が1万円の物件が見つかったとします。ただし、肝心の利用者がいなければ候補地にはなりません。保育園が足りないか否かは、各地域の保育課に聞くことも大切です。どの駅で保育

園が不足しているかは保育課に聞けば教えてくれます。ただし、この数値は毎年変化しています。たとえば、ファミリータイプのマンションが建てば、数年後には保育ニーズが生まれると考えられます。また、保育課が教えてくれる場所は、条件的に難しい場所が多いのも現実です。その場合には、この駅でなくても、ここまでなら保護者がついてきてくれるのではないか、などという仮説を組み立ててみることです。たとえば、1駅か2駅ずらして候補地を考えてみることもできます。

さらに、空いている物件が見つかったとして、1階であるとか、耐震基準を満たしているかなどの条件も考慮しなければなりません。

5 マーケティング

マーケティングとは、自分が候補地として選んだ地域に、どのくらいの利用者がいるかを調査することです。

一般的に、マーケティングというと、人口や通勤者数、1日の電車乗降者数などを調べることと思われがちですが、こと小規模保育に関しては、そのような調査はそれほど必要ありません。問題は、自分が候補地として選んだ場所に、いくつの保育園があるのか、その保育園ではどんな人材を育成しているのか、その保育園の保育理念はどういう内容なのか、どんな内装をしている保育園なのか、保育料やその他費用はいくらなのか、その保育園には何人の子どもたちがいて、その保育園に入るために何人待ちなのかなどを調べることです。そして、全ての保育園に足を運んで実際に見てくることです。競合相手を見ることは敵を知ることそのものです。同業他社を知ることによって、だれに、どんな保育を、どのように行うことで自社の特徴が出せるかのヒントを得られることもあります。

そして、商圏としては、半径500メートルから1キロメートル、徒歩10分圏内を見ておけば十分でしょう。私の実感だと、2010年頃までであれば1駅2駅くらいなら利用者も来てくれましたが、最近では徒歩圏内でも十分に保育園は探せるまでになったように思います。その圏内に、たとえば2,000万円から

3,500万円ぐらいの価格のマンションがあれば、ターゲットとなる人が多いということになります。それは、この価格帯のマンションに住んでいる人は、600万円ぐらいの世帯年収層が多く、夫婦共働きの家庭が多いからです。これが、5,000万円から7,000万円のマンションになると、専業主婦が増えてくる傾向が見られます。したがって、保育を利用する人が比較的少なくなる傾向にあります。

これらの情報をベースに、保育課でも調べて、利用者が何人いるか。そのうちどのくらいの利用者を対象とできるかなどを調べることによって、おおよその予測をつけることは可能です。

6 工事見積り

工事に関しては、初版時に今がいちばん厳しい時期に当たっていると述べましたが、その状況はいまだ好転していません。2011年の東日本大震災、2016年の熊本地震の復興関連や2020年の東京オリンピックなど、建築業界の需要増の影響がまだ続いています。工事費は年々上昇し、今では5年前に比べて20パーセントほど値上がりしているようです。今よりもさらに景気が上向くと、自ずと工賃も上昇します。それでは具体的に工事見積もりをどのように進めていくのかを説明していきます。

小規模保育で求められる施設の理想的な面積は、40坪（約132平方メートル）です。この場合の工事費として、スケルトン（床、壁、天井なし）からの工事となると1,000万円の予算では難しくなります。ある程度のグレードとクオリティを求めて造作するとなると、2,300〜2,600万円になってしまうでしょう。内装費に対する補助金がある自治体では、数年前よりも補助上限額が上がっていることもあり、この工事費の3/4は補助金で賄えることになります。しかし、補助金を出していない自治体では、少しでも工事費を抑えたいのがこちらの希望です。その場合、物件オーナーに天井だけでも造作してもらうという手法もあります。物件の貸主としても、あまり頻繁に借主が変わるより、長くいて欲しいというのが本音でしょうから、どこまで貸主が負担してくれるかを交

渉してみるのも1つの方法です。

　保育事業は息が長い事業ですので、業種自体が説得材料にもなりますが、この場合にも、既に作成している経営目的や保育理念を説明し、社会的支援としての意義を主張しながら交渉することも説得材料の1つになるかもしれません。

● 一級建築士と相談する

　ある程度まで物件に目星が付いたら、最初に考えるべきことは、どのようなレイアウトの小規模保育にするかです。レイアウトの作成は建築士に依頼します。この場合、100平方メートル以上の面積ですと、用途変更が必須ですので一級建築士に依頼しなければなりません。レイアウトは、保育理念に見合った内装にするにはどうあるべきかを建築士と相談しながら作成していきます。この場合、内装全体の設計をしてもらい、各計算を見積もってもらうことで、100〜200万円必要になります。用途変更を必要とせず、単に平面図を書くだけでしたら、安ければ10万円程度で済む場合もあります。しかし、自治体からの内装工事に関する補助金を得るには、多くの場合は入札によって工事会社を選定する必要があり、工事会社が入札金額を算出するための詳細な図面を建築士に依頼する必要があります。

　建築士に作成してもらった図面を得て、工事会社に工事を発注します。

● 工事会社を探し当てる

　だれに工事を依頼するかです。建築士の関連業者も可能です。水道、電気、内装と各専門家に個別に依頼することもできますが、工事会社に依頼するのが一般的です。工事会社を通すことで、水道、電気、内装などの各業者への手配を依頼できます。さらにいえば、開園以降も修理、改修作業などが生じることを考慮して、長い付き合いのできる工事会社を探すことです。安心のできる素材、新品の器具などを使用しての信頼のできる工事をしてもらわなければ、修理ばかりが必要な施設になってしまうことがあります。どんなによいクロスを使っても5〜7年ぐらいで剥がれてくることもあります。子どもの手が届くようなところはもっと早くに傷んでしまいます。ほかの多くの備品でも10年は

もちません。そんな時に、すぐに応じてくれるような工事会社を探し当てておくことは大切です。

　すでに記載したことですが、修理の度に相見積りをして安い工事会社ばかりを探し当てるのではなく、お互いが信頼し合い、多少無理なこちらの要望も聞き入れてもらえるような工事会社との長い付き合いを求めるべきです。

　しかし、自治体から内装工事の補助金が出る場合には、前述のように複数の工事会社による入札を行う必要がある場合が多くなります。またその場合はどの工事会社でもよいということではなく、自治体の公共工事への入札参加資格を持っている工事会社などの条件が付されることもあります。その場合は、入札の方法や工事会社の条件などについて保育課と相談しながら進めていくのがいいでしょう。保育課から、工事会社のリストをもらうことができる場合もあります。

● 子ども目線からの工事内容

　保育園ですから、子どもが安全に、しかも快適に行動できる施設であることを、すべてにおいて優先させます。したがって、それぞれの器具にも細心の注意を払うべきです。

　たとえば、蛍光灯は飛散防止のものを。エアコンだけで室温管理するのではなく、床暖房などを設置したり、子どもの環境に配慮した工夫をすることも必要です。

　このような観点からのチェックすべき項目は以下の通りになります。

エントランス範囲	腰壁範囲
腰壁素材	床素材
壁角処理	手摺り位置
手摺りエンド処理	床暖房範囲
0歳児スペース範囲	0歳児スペース仕切り方法
電気形状（蛍光灯、ダウン、シーリング）	電気形状（蛍光灯、ダウン、シーリング）

家具製作	コンセント高さ・処理
コンセント数量・位置	電気スイッチ位置
建具製作	建具取手位置
建具鍵位置（高さ）	建具鍵種類
建具指はさみ防止策	建具ガラス面形状・位置
床上げ範囲	床上げ高さ
スロープ長さ	ステップ蹴上・踏面サイズ、段数
床上げ建具設置処理	ステップ角処理
スモークシート範囲	スモークシート高さ
看板（ガラス面CS）文字内容	看板範囲

7 資金調達

　どのような業種であれ、新しい事業を起こすに当たり避けて通れないのが、いかにして資金の調達を行うかです。

● 日本政策金融公庫

　資金調達の種類はいろいろありますが、なかでも創業を目指している人にとって利用しやすいのが「日本政策金融公庫」の「新創業融資制度」からの融資でしょう。創業時に自己資金が創業資金総額の10分の1以上あれば、無担保で3,000万円まで融資を申し込むことができます。ただし、次の条件を満たすことが必要です。

（1）雇用の創出を伴う事業をはじめる。
（2）技術やサービスなどに工夫を加え多様なニーズに対応する事業をはじめる。
（3）現在勤めている企業と同じ業種の事業をはじめ、次のいずれかに該当する。
　　（ア）現在の企業に継続して6年以上勤めている。

（イ）現在の企業と同じ業種に通算して6年以上勤めている。
（4）大学などで修得した技能などと密接に関連した職種に継続して2年以上勤めており、その職種と密接に関連した事業をはじめる。
（5）すでに事業をはじめている場合は、事業開始時に（1）〜（4）のいずれかに該当している。

※2018年1月時点、詳しくは日本政策金融公庫のHPをご確認ください。

　私が創業したときは、（1）以外は満たしていませんでしたが、それでも融資を受けることができましたので、一度は相談に行ってみることをおすすめします。

● 信用保証協会

　また、民間金融機関からの融資を検討する場合にも、全国各地にある「信用保証協会」という公的機関に保証してもらうことで、実績のない創業者でも融資が受けやすくなります。これは、貸し倒れのリスクを信用保証協会が負ってくれる制度で、万が一返済が不可能に陥った場合には、取り敢えずは債務者に代わって信用保証協会が金融機関に返済してくれ、その後債務者が、信用保証協会に借入金を返済することになります。

　この制度の手続きの手順は、はじめに信用保証協会に保証の承諾を受け、その後、金融機関から実際の融資を受けるということになります。初めての取引の場合は面談がありますが、2回目以降はありません。

　また、各自治体の制度を利用する場合は、自治体の窓口を経由することになります。たとえば、東京信用保証協会の創業前向け融資制度の場合は、新たに事業をはじめる時には、個人は1か月以内、法人は2か月以内に都内で創業を予定しており、具体的な事業計画を持っていることが要件となります。

● 親族・知人からの融資

　もっとも多く行われている資金調達方法だと思いますが、親はともかくとして、その他の親族や友人、知人からの融資はできるだけ避けたほうがいいと私は思います。というのも、事業がうまくいかずにトラブルに陥った時に、解決のつきにくい感情的なもつれが生じることが多くあるからです。

親族や知人から資金調達を受ける場合には、贈与とみなされないように金銭消費貸借契約書を作成しましょう。また、利息などの契約内容も明記し、返済は銀行口座などを通すことで証拠として残すことも必要です。

　このほかにも、ベンチャーキャピタルからの出資なども考えられますが、多くの時間と労力を要します。また、保育事業は労働集約型事業であり、その収益構造は逓増収益型モデルです。逓増収益型の事業ということは、短期間で大きな利益を期待される株式投資の観点から見ると、投資したい、出資したいという投資家や投資機関も少ないのです。逆に、短期間で大きな利益を期待できるIT事業などの場合は、株価がつくので、それだけ投資したい投資機関も多くいるので、ベンチャーキャピタルなどからの出資も多くなるわけです。
　いずれにしても、資金調達を受けるためには、経営目的や保育理念がしっかりしており、現実的な事業計画の立案とともに、その計画に見合った自己資金のあることが前提となります。

● **資金の使途内容**
　では、実際に小規模保育をつくるためには、どれくらいの資金が必要なのかを、その内容に即して考えてみましょう。
　家賃は、坪1万円前後として月35～45万円ぐらいに抑えたいものです。これは毎月出費が発生するものなので、慎重に検討することが必要です。
　工事費は、普通に内装工事をすると2,400万円程度は見ておく必要があります。
　備品代には、事務用品などのほかに、オモチャがあります。どのようなオモチャを揃えるかは、どのような小規模保育を行っていくのかという保育理念との関連で異なってきます。
　また昨今、新聞等でも騒がれているように、保育士の確保の難易度も上がっています。求人広告の費用も以前より多めに見る必要があります。

物件	物件契約費用	210万円	月35万円（保証金3、礼金2、仲介手数料1）
	工事費	2,400万円	
	備品代	150万円	
	求人広告	150万円	
	士業	300万円	
	前家賃	140万円	
	運転資金	690万円	
		4,040万円	

⇒　自己資金（1,100万円）
　　銀行（2,940万円）

　開設時の補助金が出る自治体であれば、だいたい2,400万円まで工事費や備品代、前家賃等に充当することができますが（補助対象は自治体によって異なる）、基本的には全て償還払いのため、先に工事会社などに支払う必要がありますので、いくら補助金が出るといってもまずは自分で資金を用意する必要があります。

　求人広告の詳細は、本章9「求人募集・採用・訓練」で説明しますが、遅くても開業の5か月前には準備を進めることが必要です。
　室内の内装には子どもや保育者の導線に応じた内装が求められます。借りた物件によっては、工事費が高くつくこともありますので注意しましょう。また、なにかにつけ出費が嵩むのも事業の創業にはありがちです。あらかじめ余裕をもって準備しておきましょう。
　以上のことから、運転資金を除けば、創業資金として総額で最低でも3,350万円が必要になると考えます。日本政策金融公庫の融資制度では、このうち自己資金として求められるのが、おおむね10分の1以上となりますがそれはあくまで最低限ですので、この場合はおおよそ3分の1の1,100万円を自己資金とし、そのほかの2,250万円は融資を受けることになります。詳しくは第5章で説明します。

8 許認可申請・資格・保険など

　小規模保育の認可を得る方法には、大きく「持ち込み形式」と「公募形式」の2つがあります。認可のための審査項目は同じですが、公募形式の場合には、自治体がいくつ施設が必要かを勘案して募集します。

　これらの公募に対し、どのような施設で、どのような保育をするかの内容を、行政側にアピールするのが許認可申請です。ですから、許認可申請には、行政が知りたい情報を適切に記述することが求められます。

　「許認可申請書」のポイントは主に以下の点です。

①会社の財務内容

　⇒運営資金としての現金がどれくらいあるのか。自己資本比率はどのくらいなのか。2期連続で損失を計上していないか。債務超過になっていないか。

②実績

　⇒今までに、どのような保育園を、どのくらい運営しているのか。新規参入の場合には、経営陣や社員に専門知識を有した人材がいるのか、指導する企業があるのか。運営後の保育の質を担保するものはあるのか。

③保育内容

　⇒施設長候補者はどんな人なのか。保育者は何人の採用を予定しているのか。保育士は確保できるのか。保育者のローテーションはどうなっているのか。保育計画はあるのか。職員の教育はどのようにしているのか。設備はどんなものを使用しているのか……。

　これらの内容のチェック、あるいは作成はコンサルタントに依頼できますので齟齬のないものにできますし、ほとんどの申請者はコンサルタントをつけていますので、資料自体の完成度は高いようです。

　また、施設における有資格者としては、保育士と同時に防火管理者も必要です。地域によっては向こう数か月受講できないぐらいの人気の資格なので、あらかじめ受講しておきましょう。

　保険に関しては賠償保険、傷害保険などに加入することが最低限必要です。

9 求人募集・採用・訓練

● 求人・採用

求人は最低限5か月前に募集の準備をはじめます。

以上の流れを説明すると、4月に開業するならば、前年の10月の中旬までには募集のための原稿を作成し、11月には募集広告を出します。募集広告を出した後、さまざまな反響が現われますがその中から書類審査を行います。

● 求人について

都市部を中心に保育施設が急増している傾向にあり、他業種のように他県への就職という傾向もあまり見られないことから、保育士数が保育施設数に追いつかない状況にあります。保育士数を増やすために、保育士試験も年に1回の開催から2回に増やされました。今後しばらくは、保育士不足が懸念されますので、求人については力を入れたいところです。保育では、運営する側ももちろんですが、実際に子どもと接する優秀な保育者を確保することがなによりも重要だからです。

初めての場合には、保育士の募集をどのように行うべきか、などわからない点もあるかと思いますが、基本的には他の業種と同じと考えて大丈夫です。

大手求人広告会社などの一般媒体を活用することは当然ですが、保育の場合は専門媒体があります。専門媒体には、有料と無料がありますので、どちらにも掲載することもできます。「求人情報ナビ」(http://www.jobplus-v.com/)、「保育・ハロージョブ」(http://hoiku-hello-job.net/) などで検索できます。

無料の媒体は、有料媒体に比べて反響に大きな期待はできないことが多いようです。ただし、掲載だけでもしてみるべきだと思います。

また、無料媒体には、掲載自体は無料でも、求職者からの応募があった段階で初めて料金が発生する応募課金制の媒体もあります。このパターンはあまり多くはありませんが、もっとも費用対効果は高く、無駄な費用がない媒体ともいえます。

掲載する内容は、すでに作成した給与規程に沿って、求人広告会社と相談して決めるのが一般的です。1つの広告会社と進めるよりも、総合的に全ての媒体を扱っている代理店の方が、時間にも短縮できますし、料金的な違いもありませんので、求人の際は代理店を探してみるとよいでしょう。

給与相場は、ここ10年で20%ほど上昇していますので、時給や月給を決める際には、周りの状況との兼ね合いを見ながら募集することが求められます。ここで、一般的な広告例を掲載しておきます。

● 採用について

採用に関しては、送付されてきた書類の審査が最初となります。この段階では、資格のない方からの応募もありますので、まずは資格があるか否かが大きな観点です。また、最近は少なくなりましたが、保母資格のままの方もいますので、早急に役所へ行き、保母資格から保育士資格への切り替えを行う必要があります。この切り替えには約3か月間かかります。

その後、テストを実施し、担当者による第1次面接、社長や部長による第2

次審査を経て、実習面接を行って内定を判断します。この実習面接は、採用すべき保育者の人柄や能力を知る上でのもっとも大切な面接です。この面接では、1日から3日間、ある特定の保育園で実習をしてもらい、記録簿を作成してもらいます。実習面接に参加できない人がいた場合には、開業準備の手伝いをしてもらいながらチェックします。この場合、面接とはいえども、交通費は支給するのが一般的です。

採用するポイントは、以下の通りです。

①**問題解決能力のある人**
　⇒これはテストで判断できます。ある一定の条件のなかで、なにを、どう行えば問題が解決できるかを考えることのできる人。

②**コミュニケーション能力のある人**
　⇒面接で判断できます。話している時の、表情、話し方、人柄をチェックし、表現力の豊かな人。

③**実行力のある人**
　⇒実習で判断します。ある事態に対して、すぐに反応し、なおかつ実行に移すかどうかをチェックします。

テストでは、読み書きそろばんができることです。コミュニケーションにおいては、「ペーシングスキル」（相手や周りのペースに合わせて会話や行動をすること）と「ミラーリングスキル」（相手や周りの感情に合わせて会話や行動ができること）ができることです。これらのことをそつなくこなせる人は、いわゆる「地頭（じあたま）」のいい人です。

そして、なによりも「素直な人」を採用することです。素直な人とは、言われたことに積極的にチャレンジする人です。

たとえば、そこそこ仕事ができる人には、新しいことにチャレンジする必要はないと考えている人が少なくありません。現在の評価は悪くないのだから、新しいことをする必要はない。今がよければ先のことを考える必要はない、と考えている人です。

今日より明日をよいものにしたいと思っている人の方が、やはり保育には向いています。子どもは何事をも積極的に吸収しようとしています。保育園に通う年齢の子どもの感性は鋭敏です。そんな子どもと接していくためには素直な人が必要だと思います。

● 訓練
　採用を決めた保育者に対して訓練すべきことは2つです。それは、笑顔であるべきときに「笑顔」でいられることと、人と会ったときに「挨拶」がきちんとできること、です。
　子どもを預けた保護者が、実際の保育の様子を知る機会はそんなにはありません。その数少ない機会が送り迎えの時です。そのわずかな時間に、保育者がどんな表情と会話で接してくれるかで、保護者は保育園の良し悪しの判断をしています。
①素敵な笑顔で挨拶をしてくれる保育者
②無表情でヌーッと現われ、挨拶もしてくれない保育者
　この2つの例を比べるまでもなく、保護者が安心して子どもを託せる、と思うのは①の保育者ですし、このような保育者が揃っている小規模保育です。
　これは、プロとアマの違いということもできます。つまり、プロとしての訓練をすることによって、保育者は保護者との接し方を身につけることができるともいえます。
　挨拶に関しては、朝、子どもや保護者を出迎える時には、「おはようございます」と「いってらっしゃい」です。そして、夕方、送り帰す時には、「お帰りなさい」、「気をつけてお帰りください」、「ありがとうございます」です。
　あたりまえのようですが、このごく基本的な挨拶を、笑顔を交えながらいつでも実行できるのがプロということです。
　逆に、どんなに中身がよくても、事務的に対応するだけで笑顔が乏しく、つっけんどんな保育者だと、保護者は不安を抱いてしまいます。
　事業主は、保育者をしっかりとしたプロに育てるという役割もあります。そうなることで、保育者自身が自信をもちます。保育者に「成長」と感じてもら

うまで育成することが重要です。結果として、保育現場は活気の満ちた雰囲気になり、離職率は減少します。

　一般的な企業では離職率はある程度はあったほうがいい場合もあります。

　というのも、いつも同じ人脈、同じ考え方、同じ能力で事業展開することが、逆にリスクになることもあるからです。だからこそ、大企業では定期的な人事異動があるのです。ただし保育の場合は、ノウハウや知識や経験は人に蓄積されますので、離職率は低いにこしたことはありません。

　そして、開業以後のことになりますが、事業主、あるいは保育園の責任者は、1か月に一度は、各スタッフと向き合う時間をもつことが重要です。保育者の状態を知るとともに、保育者を育成し続けることで、よりよい働く環境が生み出せるからです。

　保育の仕事、事業にとっての最大の財産は、優れた保育者の存在です。せっかく育て上げた保育者が途中で去っていくことは大きな損失です。また、一から保育者を採用し、育てなければならなくなるのです。小規模保育という限られた範囲での資源を保全するためには、保育者が成長できるような環境を整えることは不可欠です。

第4章 マーケティングから見た立地選定

どのような事業においても同じですが、どの場所に施設を設けるかは大きな問題です。しかし、とくに小規模保育においては、場所の選定が非常に限られています。すでに説明したように、電車社会を前提にした事業です。つまり、駅周辺にほぼ限定されているのです。

　たとえば、駅からは徒歩1分で、木造総檜造りで香りのいい、100坪近い園舎。駅は目の前だけど従業員と保護者が十分に利用できる駐車場もあり、少し歩けば緑のある公園もある。周りには高層マンションが立ち並んでファミリー層の転入が続いており、その駅前にもかかわらず家賃も安い物件。

　こんな立地条件の園舎があれば文句のつけどころもないのですが、このような物件は地主本人でもない限り、保育以上に家賃負担力のある業種に取られてしまうことが多いでしょう。

　100%の理想を待ち続けても、その理想が手に入る日が来るのを期待はできません。

　では、どのようにして立地を選定し、物件を決めるのか。

　結果的には、ほとんどの場合が、まず保育基準を満たした物件を見つけることに時間を使うことになると思います。そして、その物件が駅から徒歩10分圏内にあれば、そこは有望とみてよいと思います。

　マーケティングとは、顧客の創造です。つまり、どの地域で小規模保育を開業することが、対象とすべき利用者のニーズが多い地域で、しかも住民の要求に応えられる地域であるかを調査し、選ぶことです。

　第3章でも説明しましたが、小規模保育で考える施設の立地条件は、ほかの業種、たとえば小売業の店舗をどこに立地するかという条件とは全く異なります。飲食店やコンビニエンスストアなどの場合には、人通り、視認性、衝動性などが基本的な条件となります。

人通りとは、駅の近くにあるのか否か、電車などの乗降者数がどのくらいなのかなどといった、その店舗周辺をどのくらいの数の人が通るのかという立地条件です。ここでは総体的な人の動向が問題になります。

　視認性とは、その店舗が周辺の建物のなかに対してどの程度目立つ存在であるかという条件です。初めて来た人の目にもすぐ入るような、存在をアピールしている目立つ建物（店舗）であることです。そのためには、表通りに面してあることが1つの条件となりますし、周りの店舗や建物、看板などを考慮して色使いに工夫することが必要です。

　衝動性とは、その店舗を見た時に入りたくなるような雰囲気があるか否か、再び来てくれる人（リピーター）を見込めそうな店舗かなどという条件です。「品揃えがよさそうだから、ちょっと入ってみよう」、「店の構えからして美味しそう」、「新鮮なものが並んでいるから買っていこう」などと思わせる雰囲気があることです。一般的に、2週間に1回来てくれる顧客は「常連客」とされています。

　これらの小売業の場合には、不特定多数がその対象で、年齢や性別は問題にされません。ですから、単純に通行量の多い場所で、多くの人が入店してくれそうな場所が立地条件になります。

　これに対して、小規模保育の場合には条件が限定されます。小規模保育は電車社会で成り立ちやすいサービス業という言い方もできます。したがって、多くの利用者が出勤途中で子どもを預けられるような駅の近くにあることが望まれます。しかし、その対象は子育てをしている親に限定されます。駅の乗降者数の多い少ないとは直接的には関係がありません。また、歩いていてすぐ目につくような建物である必要もありません。小売業の場合には目立つことは大切ですが、小規模保育は毎日、子どもを伴って通う場です。保育を必要とする、限定された人を対象にしているので、多少奥まった場所にあっても問題はないのです。

　もちろん、視認性はないよりはあった方がいいのですが、多くの利用者は役所で保育園一覧を見て探します。視認性があってもなくても、保護者の方から保育園を見つけてくれるのです。

立地候補を選定するときに考慮すべきことは、近くに競争他社となる保育園がどのくらいあるのか、保育の対象となる子どもはどれくらいいるのか、候補として考えるべき立地場所が最寄りの駅からどのくらいの距離にあるのか、などになります。

　そのなかでも最も大きな問題は、施設の半径10分圏内（500メートルから1キロメートル範囲内）に子どものいる家庭がどのくらいあるかでしょう。

　仮に、自治体への調査から、子どもが1,000人いる地域であるとします。父子家庭、母子家庭などを勘案して、1,000人の子どもたちの親の数を1,800〜2,000人と仮定し、その内の何パーセントの親が働いているかがその対象になります。仮に2,000人の50パーセントの親が共働きであると仮定すると、その半数の500人が保育園を利用する対象として考えられるわけです。

　この500人という数は、決して少ない数字ではありません。女性の就業率は約50%ですから、このうちのわずか3.8%にあたる19人が、この小規模保育を利用してくれればいいのです。

　そこで問題になるのは、小規模保育の立地場所として選定するに際し、今後、その地域の人口がどのように推移していくのかを見極めることです。もちろん、人口が増えていく傾向にある地域であれば問題はありません。そもそも小規模保育は大きな設備投資を要せず、フットワークよく臨機応変に保育ニーズに応えられる業態ですので、多少減少気味に動いてもほぼ平行線上で推移するであろうという予測が立っているのであれば、立地条件としては合格でしょう。また、保育園があることで転入者が増えることも期待できます。

　駅のすぐ近くに小規模保育を設置できることが最良ですが、安い賃料で、なかなかそんなにいい立地条件の場所は見つからないものです。駅前ということにこだわらず、多少範囲を広げて駅近物件を探すほうが、よりよい物件を探し当てる可能性が増えるでしょう。とにかく、小規模保育を新規にはじめようと思ったときから、自分が望む地域をこまめに探し回ることしかありません。物件開発に特別な方法はなく、何度も地元の不動屋さんに足を運ぶか、空きそうな物件に目星をつけて通うしかないのが現実です。

ちなみに、コンビニ業界では、物件を開発するために各地に人材を貼り付かせています。そこまでしても、なかなか思ったような場所に店舗を出すことは難しいといいます。最近、コンビニも少しずつ大型店舗化してきています。生鮮商品の増加にともない、かつての40坪の店舗では狭くなっているのです。現在では、60から70坪の店舗が主流になりつつあります。

　小規模保育で求めているのは、25〜40坪の施設です。店舗の拡張を図っているコンビニ跡地は有望かもしれません。

　物件を探す時にどのような項目に注意すべきかを紹介しておきますので、立地選定の時の参考にしてください。

● **物件調査のポイント**

①立地	保育需要や駅までの距離などを考慮。近隣に公園があるかどうかも考慮。
②面積・家賃	定員・業態に応じて設定。
③形状	なるべく正方形か長方形が好ましい。
④物件の外観	見た目の印象がいいかどうか。
⑤内装の状態	事務所仕様・スケルトン・居抜き（飲食等）など、どの状態か。　　　　⇒工事費に関わってきます
⑥冷暖房の設備	有無の確認。ある場合、新旧の確認。 ⇒工事費に関わってきます
⑦水回りの有無、	及び場所の確認。共有部のみか部屋内にあるかどうかの確認。　　　　⇒工事費に関わってきます
⑧採光	道路に面している窓があるかどうかを確認。⇒法令
⑨出入口	2方向あるか、もしくは2か所あるかどうかを確認。 ⇒避難経路確保
⑩検査済証の確認	その建物の適法性を証明するもの。用途変更時にも必要。　　　　　　　　　　　　　　⇒法令
⑪建築図書の有無	設計や用途変更時に必要。

⑫新耐震建築基準　　　　昭和56年6月1日以降に建築確認申請を受けたかどうかを確認。　　　　　　　　　　　　　　⇒法令

2階の場合
⑬階段・バルコニー　　　階段が2つ以上、または階段とバルコニーがあるかどうか。　　　　　　　　　　　　　⇒避難経路確保
⑭準耐火、または耐火建造物　　　　　　　　　　　　　　⇒法令
⑮エレベーターの有無　　有無の確認。⇒法令ではないが、運営に関わります。

3階以上の場合
⑯階段　　　　　　　　　階段が2つ以上あるかどうか確認。　⇒避難経路確保
⑰耐火建造物　　　　　　　　　　　　　　　　　　　　　⇒法令
⑱エレベーターの有無　　有無の確認。⇒法令ではないが、運営に関わります。

第5章　マネタイズ

どんな事業であっても、事業をはじめるに当たってまず必要になるのは「元手」です。
　いくら夢や構想、事業計画などにさまざまな思いを馳せても、時間はかかりますが、お金はかかりません。しかし、夢や構想、事業計画を具体的に進めようと動き出したときから、お金がかかりはじめるのです。
　どんな事業を起こすのでも、この資金調達（マネタイズ）が最初の課題となります。
　私の場合は、今でこそ資本金は1億円となっていますが、創業当時の資本金は100万円でした。しかも、その100万円は、社会人になってからの2年間で貯めた貯金の一部でした。
　100万円では足りなかったので、500万円を国民生活金融公庫（当時）から借り入れ、合計600万円の事業資金で、20坪の小さな無認可保育園からスタートしたのです。
　今考えると、株式会社ではなく、個人事業主としてはじめたほうがよかったかもしれないような計画と金額ですし、事実、初年度の年商は700万円程度でした。

　この章で説明するマネタイズとは、小規模保育を創業するに当たって、お金の収支全体をどのように考えるべきかを把握することです。開業してからの運営上の黒字化を図るためにはどのように工夫すべきか、というマネタイズに関しては他の専門書籍に譲ります。
　では、小規模保育を創業するためにはどのくらいの資金が必要で、その内訳はどうなっているのか、それらの資金をどのように用意できるか、詳しく見ていきたいと思います。

1 創業にあたって必要な資金

以下の表が、創業にあたって必要となる資金の関係を表したものです。

項目	金額	資金源	金額
開業前に必要な金額	**3,350万円**	自己資金	1,100万円
物件契約費用	210万円		
前家賃	140万円		
工事費	2,400万円		
備品	150万円		
求人広告	150万円		
士業（業務委託費）	300万円		
開業後に必要な金額	**690万円**	銀行	2,940万円
家賃	105万円		
人件費	480万円		
その他	105万円		
（各3か月分）			
合計	4,040万円		4,040万円

　表に基づいて、創業に関連して必要となる資金のことから説明を加えていきます。

　必要となる資金は、開業前に必要となる金額と開業後に必要となる金額の2つに分かれます。開業前には、契約をする施設（物件）に対する金額が210万円。業者によって異なりますが、ここには家賃、敷金、礼金、仲介手数料などが含まれています。そのほかに、施設の工事費、備品代、保育者を募るための求人広告代、業務委託をするための士業代などが必要となります。この場合の士業代には、社会保険労務士、弁護士、税理士などのほか、必要に応じての全体のコンサルタント料などが含まれています。士業代については、時間を掛ければ自分でもできる業務ばかりですので、節約は可能です。たとえば、社労士に依頼する就業規則、税理士に依頼する毎月の顧問や期末の決算、許認可申請書類や保育園内で使う書式の準備などは、すべて自ら行うことも可能ですが、

おそらく相当な時間を要すると思いますし、ゼロからはじめる訳ですから、完成度が高いかどうかはわかりません。これらの時間をどのように圧縮するのかという視点も重要ですので、状況に応じて考える必要があります。

その合計を3,350万円と見積もります。

補助金のある自治体の場合では、このうち2,400万円が戻ってくる見込みとなります。

開業後には、家賃、人件費、その他などを約3か月分見込む必要があります。家賃は坪1万円として月35万円、人件費は月額160万円と計算します。その他費用を合計が690万円となり、全体では、4,040万円が必要ということになります。

創業のためには、4,040万円の資金が必要であることがわかりました。

ただしこれは、一つの目安ですので、実際は地域や物件の状態によってこれよりも多くまたは少なくなることもあります。

では、この資金をどのように用意したらいいのでしょうか。

まずは、自己資金がいくらあるかです。基本的には、開業前の資金は自分で用意するというのが銀行側（貸す側）の論理です。しかし、実際にはなかなか難しいものです。現に今回の試算では自己資金は1,100万円しかないわけです。そこで、開業前に必要な2,250万円は銀行から融資してもらうしかないわけです。また、開業後に必要となる運転資金690万円も銀行からの融資に頼るしかありません。結局、残りの2,940万円を銀行からの融資で賄うことになります。

仮に自己資金が用意できなかった場合は、融資は簡単ではないでしょう。創業に際して、銀行からの融資を受ける場合、1,000万円以上の場合には土地や資産などの担保を求められる場合がほとんどだと思います。したがって、もし自己資金が足りない場合には、何かしらの方法で自己資金を集めなければなりません。この場合、仮に親から資金援助を受けたとすると、親からの融資は自己資金と見なされることが多いので、1,000万円しか自己資金がなかった場合には、親から250万円の融資を受けることで、自己資金対銀行融資の関係を1対1にすることができます。こうすることで融資を受けられる可能性は格段に上がります。

一般的に、創業するに際して必要な自己資金は、最低でも総額の3分の1とされています。この場合には、4,040万円の3分の1にあたる約1,350万円は自己資金で賄うべきであるとされます。これで自己資金と銀行融資との比率が1対2になります。できるだけ自己資金率を上げるためには、自己資金を増額するか、工事費や備品などの必要経費を削るしかありません。しかし、ここで問題となるのは、工事費や備品を安く上げることによって、開業後に不備の生じてしまう可能性が高くなってしまうことへの懸念です。私も、創業時に備品である家電を中古の製品で揃えたことがありますが、開業早々に不具合が生じ、なんの保証もないことからかえって出費を大きくしたことがあります。

2　銀行からの融資を得る

　銀行からの融資を受けるに当たっては、銀行に提出する資料がきちんとした根拠に基づいていることを証明することが基本です。

　これらの資料とは、事業計画や工事見積り、備品の内訳、家賃、保育者などへの人件費の内訳などです。銀行が査定する時には、これらの内容が充実していることも関連するので、経営目的や保育理念がどのようなもので、資料がその基本方針に基づいた内容であることが最も説得力をもちます。こちらの資料はすべて提出したうえで、あとは銀行の担当者に融資審査を委ねることになります。

　銀行員には、書類だけを検討して判断する人と、企業に資金を注入して社会に貢献することに大義名分があると考える人という、大きく分けて2つのタイプがあります。後者のような人と出会えると、書類のほかにもアピールする要素が増えてラッキーなのですが、そうとばかりは願えません。いずれにしても、銀行員はどの事業に融資するかを検討しているわけですから、書類がきちんとしていることが前提となります。その上で一般的に言えることは、創業起業者に融資する時に問題にするのは、本人の人柄です。過去にはまだ実績がないわけですから、起業者その人を見るしかないのです。したがって、多くの場合には、これから行おうとしている事業にいかに自信をもっているかどうか

が、重要なポイントになります。自分が立てた事業計画、施設内容、工事内容などに自信をもって対応し、打ち合わせをする時には相手の目を見て説明することで、銀行側は好印象をもってくれるものです。もちろん、相手もこちらの目を見ながらいろいろな質問を投げかけてきます。質問されたことには誠意をもって応えることです。受け答えしていることが嘘でないことを、自信をもって目で訴えることです。銀行員は、融資の対象となる人のちょっとした目の動きや表情の変化などに敏感に反応するようです。その変化を見ながら相手を判断しようとしているからです。ですから、こちらも相手の表情を見ながら、これだけきちんと計画を立てているのだから、自分の事業はうまくいくはずであり、お金も返済できるはずだ、と説明することです。

しかし、ことはそんなに簡単ではありません。おそらく、担保もない状態で、初めて融資依頼した銀行で即決するということはまずないでしょう。とりあえずは、いくつもの銀行に当たることが基本です。一度、断られたからといってすぐには諦めずに、ほかの銀行にも当たりましょう。

また、一般的には、都市銀行や地方銀行に融資を依頼するより、日本政策金融公庫や信用金庫のほうが融資は受けやすいかもしれません。その場合でも、税理士の紹介などがあると、ある程度の素性がわかるので押しが効きます。税理士の多くは、日本政策金融公庫や信用金庫とのつき合いも多く、銀行窓口に行きやすい環境も整えてくれます。

3 助成金や特例融資制度を活用する

小規模保育での起業に限らず、何かしらの事業を起すに当たり、外部と正式に交渉を行う最初の仕事が銀行からの融資を受けることであり、最初にクリアしなければならない課題です。この段階で意気消沈し、諦めてしまう人も多いのが現実です。この段階でくじけてしまうことなく事態を乗り越えるべきなのですが、初心者にとっては、今まで経験がないわけですから、それなりに厳しい課題であることだけはあらかじめ覚悟しておいてください。

また、銀行からの融資以外にも、さまざまにある助成金を活用してくださ

い。いろいろな形での創業支援助成金や特例制度があります。女性の場合には、女性に特定した助成金がありますので、そういったものをうまく使っていくことも必要です。

　私の場合は、当時は25歳以下、もしくは60歳以上の起業を支援する創業支援制度がありました。創業時、私は25歳以下でしたので、若者起業家支援資金を受けることができました。

　この制度を活用して私が借りた時の金利は、0.7％でした。これは5年間の返済期限でしたが、非常に助けられました。実際に資金を調達して仕事をはじめるまで実感できませんでしたが、金利が1％違うということは非常に大きいことです。この違いについては、実際に資金繰り表を作成したときや、開業後に通帳を見ていても実感すると思います。

　たとえば、創業支援助成金は、開業時に使った準備額の半分は助成しましょうという制度です。これは、国が事業の創業を促進するためにつくった制度です。創業起業家には是非利用して欲しい制度です。

　また、失業率を減らしたいという政策から、雇用を促進する制度もあります。企業が人を雇ったら助成しましょうという制度です。ハローワーク経由で受けられる制度で、私の場合には、トライアル助成金というもので、今までやったことのない仕事にチャレンジする人、保育の場合だと、保育士の資格はもっているけれど今まで保育の仕事をしたことがなかった人、あるいは保育士資格をもっていて幼稚園でしか働いたことがなかった人などを採用することで、毎月5万円の助成金がありました。

　現在は、キャリアアップ助成金という制度もあります。これは、いわゆる非正規雇用の労働者（有期契約労働者、短時間労働者、派遣労働者など）の企業内でのキャリアアップを促進するため、これらの取組を実施した事業主に対して助成をする制度です。たとえば、今までパートタイマーだった人を正社員にすることで、事業主には1人当たり30万円の助成金が支給されるという制度です。これについては、正規雇用等転換コース、人材育成コース、処遇改善コース、健康管理コース、短時間正社員コースなどがあり、「キャリアアップ助成

金」でネット検索できます。

　このようにいろいろな助成金がありますが、その全てを把握することはなかなかたいへんです。どのような助成金があるのかに関しては、社会保険労務士（社労士）に依頼するのが得策です。開業に向けて準備を進めている時は、繁雑な事務作業を同時に進めなければなりません。依頼することで20％程度の費用が発生しますが、労力を考えると、社労士の活用をお勧めします。

　また、これらの制度は、その時に応じてさまざまにありますので、問い合わせるなどして確認するといいでしょう。
　私の経験からしても、だれかが丁寧に教えてくれるということはありません。とにかく、いろいろな手段を用いて自分で探し出すしかない、というのが実感です。

第6章 行政アプローチ

これまでに私たちは、事業計画を作成し、施設の立地や物件も決め、そのための資金も捻出・調達してきました。つぎは自治体からの許認可の取得になります。
　これが最後の課題となります。あともう少しです。
　一口に許認可の取得といっても、その方法は自治体の数だけあるというのが現状です。まずは、開業すると決めた場所を管轄する自治体を調べることからはじめます。
　また、物件を決めるよりも先に、自治体の方向性を調べる作業を進めたほうがいい場合もあります。法改正によって、保育園の設置に対するハードルはある程度下がりましたが、数ある保育の業態のなかで、どの方法で待機児童の解消を図り、どのくらいまでに解消する計画を立てているかは自治体によって異なるからです。
　既存の認可保育園の定員を増やしたりして、すべての待機児童を認可保育園だけで解消する計画を持つ自治体もあれば、小規模保育、事業所内保育、保育ママなどをバランスよく取り入れて待機児童を解消する計画を練っている自治体もあります。
　したがって、事業を起こそうとしている自治体の現状を把握し、より適切な方法で小規模保育のあり方を考えるべきです。

　小規模保育という事業を行うに際し、その事業がその地域における住民の要求にどれほど効果的・効率的にサービスを提供できるかということを、行政に対して説明し、許可を得るのが行政アプローチです。多くの場合、その窓口は保育課です。保育課としては、地域住民に効果的な行政サービスをするためにはその事業が信用するに足るものであるか否かが大きな問題となります。
　小規模保育に携わる者としては、「この地域において確かな保育ができる」

ということを信じてもらわなければならないのです。今までに事業実績のない創業者に対し、保育課が根拠とするものは提出する資料しかありません。したがって、きわめて詳細な資料が必要です。保育課は、提出された資料内容の各項目に点数をつけ、それを加点していきます。許可を得るためには高い合計点数でクリアすることが求められます。

　しかし、逆に考えると、各資料項目をクリアできていれば問題なく保育課からの許可が下りることを意味しています。では、保育課が知りたい項目内容とはどんなことなのでしょうか。自治体によって多少の違いはありますが、その項目とは、おおよそ次のようなものです。

　事業者概要、小規模保育の運営理念・運営方針、事業者の財務内容、保育施設の運営実績、事業計画、小規模保育の設置地域、施設建物の状況、施設長予定者（または保育責任者）、職員構成、職員配置及びローテーション、給食内容、クレーム時の組織体制、開設当初の運転資金、施設改修について、給食提供方法について、保育内容や保育課程について、保護者との連携について、要望や苦情に対する対応について、職員研修について、などです（90〜94ページ資料参照）。

　そして、これらの項目のなかで、保育課が特にどの点に注目しているかを知ることが大切です。項目には、その必要度に応じて、5点の項目、3点の項目、1点の項目などとランク付けがなされているからです。受験テストの時の点数と同じです。点数の低い項目でいくら稼いでもあまり差はつきません。保育課が注目する項目、点数の高い項目をきちんと押さえて対応することが、許可を得るためには肝要となります。それは、次のような項目だと思われます。

　私が保育課なら、最も注目する項目は、「財務基盤」、「実績」、「経営者」でしょう。

　まず、財務基盤とは、文字通りどの程度の資金があるのか、ということです。少なくとも、債務超過でないことが基本となります。また、500万円以上であったり、家賃の1年分であったり、初期費用額から借り入れを抜いた自己資金相当分など、自治体によって異なりますが、保有現金（又は換金性かつ安全性の高い資産）としてあることが求められるのが一般的です。提出が必要な

金融機関の残高証明書としては、1,000万円以上あるのが望ましいでしょう。1年間は事業を安定的に継続できる資金があるということが最低条件となるでしょう。

次に、実績とは、事業の実態を実際に調査することです。「事業をはじめました。でもあまりうまくいきませんでした。ですからこの事業をやめます」では、保育課としても困るわけです。したがって、どのような保育を行おうとしているのか、あるいはしているのか、を見学に来ます。そして、経営目的なり保育理念なりがどのように実践されているのかをチェックします。その結果、信用できる事業者であるか否かを判断するのです。

また、実績のない新規参入の場合には、自身がしっかりと保育事業を行うことができる証拠を提示することになります。その際、具体的に提示するものは、主にマニュアルです。保育課は、提出された書類の中でもマニュアル整備を重視して見てきます。一見、「書面だけで？」と、安直な判断にとられがちですが、実際、実績がない以上、書面での立証以外に判断しようもないというのが現実です。事実、なんの実績もない人が、コンサルタントにマニュアルだけを作成してもらい、それを提出して通った例は多数あります。

最後に、経営者です。その経営者が、なんらかの困難な事態が生じても事業を諦めない人物であるか否かを確認します。面接を通して、どんな思いで保育をしようとしている人なのか、そのために経営陣が揃えた専門性はどの程度なのか、を判断します。場合によっては、苦難に陥った時に、実績のある事業体と合併することも視野に入れているかどうかもチェックしているようです。とにかく、意思がありなおかつ社会的信用に足る経営者であることが基本です。

次に中程度の重要項目です。これには「運営方針」、「職員のローテーション」、「施設の立地条件」などがあります。

運営方針とは、保育理念のことです。ここで注意していただきたいことは、「夢」や「希望」などという、抽象的な言葉ばかりを掲げないことです。私の場合、事業としての経営理念は、「夢に向かって成長しつづけよう」です。しかし、説明を受ける側からすると、「夢に向かう」とはどういうことなのかが

抽象的すぎてわかりません。白か黒か、○か×か、許可するか許可できないか、つまり、要件を満たしているかどうかでものごとを判断しています。実際に説明するときは、保育理念は、できるだけ簡潔に、「安全安心な環境で子どもの目線に立って育てる」、「笑顔と元気に溢れる子どもを育てる」などとした方が説得力は増すようです。

　職員のローテーションとは、職員のシフトのことです。しかし、職員が定員ギリギリしかいないときには、欠員が出た時に対応が困難になります。そんな場合の対応策を講じておくことが求められ、余剰人員をどのように確保しているかがポイントになります。

　施設の立地条件とは、小規模保育の施設が、保育課が求めている地域であるか否かです。すでに説明したように、保育課にどの地域に小規模保育を求めているのかをまず聞くべきです。そして、その地域での立地条件を検討します。しかし、保育課が求めている地域に新たに施設を立地するのは困難な場合がほとんどです。その場合に、保育課が求めている地域から多少離れた地域になっても、そのことをしっかりと相談し、地域住民に十分なサービスを提供できる立地かどうかを協議することも必要です。

　以上が、行政アプローチに対する加点ポイントでの対処法です。もちろん、加点ポイントの低い項目だからといって、手を抜いていいということではありません。保育課の担当者は、この道に詳しい人を揃えていることがほとんどです。ちょっと手を抜いた項目があると、鋭く指摘してきます。

　ここで、もう1つのポイントがあります。

　保育課の担当者は、当然ですが、許認可をおろすに際して大きなリスクは負えません。許可した施設がすぐに廃業になるようなことはあってはなりませんし、そうならないように各項目のチェックも厳しく行うのです。また、一度の面会やヒアリングで許可するより、何回かの打ち合わせを経て許可をしたというほうがリスクも小さくなります。

　たとえば、1日10時間の打ち合わせを1回だけするより、1日1時間の打ち合わせを10回したほうが、同じ10時間の面接時間でも、その信用度は増します。

当然、情報量も多くなります。

　要は、足繁く通うことが、許可を得る早道になるということです。

　足繁く通うということは、行政アプローチだけに限りません。物件を探すに際しても同じことが言えますし、工事期間中にその様子を見ることにも通じます。そして、小規模保育を立ち上げてからも、保育園内に足繁く通うことによって、いち早く問題点を把握することを可能にし、保育者との信頼関係を築くことにも結びつきます。

提 出 書 類 一 覧

書類番号	提出書類	内容等
応募申込書		
ア	平成２９年度小規模保育事業所開設事業者応募申込書	様式２によること。
新園の提案について		
イ	小規模保育事業所施設整備計画書	様式３によること。
	※以下は添付書類	
	(ｱ) 提案建物の案内図、土地の配置図、建物内部の平面図	※１）案内図には、①方位記号、②最寄り駅または最寄りバス停から計画地までの経路及び所要時間（徒歩１分＝８０ｍ換算）、③屋外遊技場を代替地（公園）にて認可を受ける計画の場合には、提案の計画地から当該代替地までの経路及び所要時間（１分８０ｍ換算）を記載してください。 ※２）配置図には、提案建物の周囲について、①方位記号、②近接建物の状況（住宅、店舗、駐車場、空き地、等々の表示）、③周辺道路の状況（建物に面している道路の幅とガードレールの有無）、④提案建物の出入口の不審者対策の計画（例：内側のみ開錠可能なモニターロック、シリンダー錠（内側はサムターン錠）、外側ボタン式のオートロック、等の表示）を明示してください。 ※３）平面図には、方位記号、保育室、調理室、事務室・医務室、保育室内の子ども・大人用の手洗い場、トイレ等のレイアウト案、各室の面積（保育室は有効面積とした部分及び面積を平面図に併記すること）、非常口の位置、各保育室からの避難経路（２か所２方向を矢印）、エレベーターや階段については専用・共用の別、を明記し、各階ごとにＡ４サイズ１枚作成してください（Ａ４サイズでは文字が読めない等の場合にのみＡ３サイズとします）。 　なお、複合建物の場合において、保育所の設置が２階以上の場合には、避難経路を含めて建物外の公道に至るまでの動線を確認する必要があるため、当該建物１階部分の状況を示す図面もあわせて提出してください。 ※４）保育所を２階以上に設置する計画の場合は、１階の平面図に保育所への出入口及び避難路となる階段やエレベーターの位置及び経路を、専用共用の別とともに明示してください。 ※５）自転車置場、ベビーカー置場の位置及び収容台数を明示してください。
	(ｲ) 建築時の建築確認申請書の写し、建築確認済証の写し及び検査済証の写し	※１）整備提案物件が既存の建物を使用する場合は提出してください。 ※２）保育所単独建物で、これから新築する場合には、建築確認前に

	(ウ) 施設整備に係るスケジュール	提出してください。 ※1）入札、建築確認及び工事期間、関係機関との調整、新園の設置認可に係るスケジュール等を含めて提案してください。 ※2）施設完成後、区による現地確認は開設日の1か月前（例：4月開設の場合3月下旬）に実施する予定であることを考慮し計画してください。
	(エ) 近隣住民等への配慮	※）同一建物内のテナントや、近隣住民への配慮についての考え方について、近隣説明の具体的な手順や取組時期、留意点などを具体的に示してください。（開設準備時、運営開始後）
	(オ) 賃貸物件を活用して整備する場合、認可小規模保育事業所の整備が決定した場合に応募事業者において確実に物件を借りることができることを示す書類	例）土地または建物所有者と応募事業者が交わした念書など
ウ 事業計画書		次の(ア)から(シ)までの順に従って記述してください。
	(ア) 応募動機	※）本事業に応募した動機を具体的に示してください。
	(イ) 運営理念、運営方針等	※）新園において、乳幼児の健全な心身の発達を図りながら保育を行うに当たっての「保育目標」、方法、環境等について具体的に示してください。また、本提案にあたりアピールしたいことがあれば併せて記載してください。
	(ウ) 保育課程及び指導計画	※）保育所保育指針を踏まえた保育課程及び指導計画（長期及び短期）を具体的に示してください。
	(エ) 職員の採用、配置についての考え方	※1）職員構成（職種ごとの人数、常勤・非常勤の別、年齢クラス別の保育士配置数等）について、以下の項目を明らかにして具体的に示してください。 A　職名（管理者、保育従事者、保健師または看護師の別　保育従事者については保育資格取得者を記載） B　常勤、非常勤の別 C　選任、兼任の別 D　所定労働時間（週や日ごとの勤務時間の別） E　経験年数 F　新規採用、既採用の別 ※2）特に職員の確保策（複数の保育所を運営する場合においては、事業者内の人事異動基準年数や人事異動の決定時期、開設予定事業者として選定後から開設までの準備期間における職員確保（採用等）のため取組方法及び職員の確保とその確定時期等を含む）について詳しく記載してください。

第6章　行政アプローチ

		(オ) シフト試算表（参考様式）	※）月～金曜日及び土曜日について、1日を想定した各時間帯の園児数、職員数を記載してください。
		(カ) 研修計画、人事ローテーション等	※）人材育成の考え方について具体的に示してください。
		(キ) 延長保育の実施内容	(1) 定員、職員配置の考え方等具体的な実施内容を示してください。 (2) 利用料金の設定について、利用単位時間及びそれに応じた金額、一月単位及び1日単位で利用した場合の金額、算出根拠等の考え方を具体的に示してください。
		(ク) 障害児保育の実施内容	障害児保育について、当該事業に取り組むに当たっての方針、留意点及び特色をそれぞれ具体的に示してください。
		(ケ) 給食提供についての考え方	食育や乳幼児の健全な発達を考慮した給食並びに延長保育の補食及び夕食の提供について、食物アレルギーの対応等を含め、留意すべき事項を具体的に示してください。
		(コ) 児童の健康管理並びに衛生管理についての考え方	
		(サ) 連携施設及び連携に対する考え方	
	エ 資金計画書		
		当該保育所の開設に係る資金計画	・施設整備に係る事業費（工事・設計監理費、備品購入費等の内容） ・開設前賃借料（礼金を含む） ・資金計画（自己資金、借入金及び返済計画（全償還期間分）） ・施設整備に係る補助金等の具体的計画
		開設後1年間の収支計画（当該保育所）	月または四半期毎の収支を示すこと ※ 別紙7を参考のこと
		開設後5年間の収支計画（当該保育所）	年度ごとの収支を示すこと ※ 別紙7を参考のこと
応募者（法人）に関する書類			
オ 応募者（法人）に関する書類			
		(ア) 法人の概要書	法人案内、施設案内等
		(イ) 直近3期分の決算報告書（グループ会社がある場合連結決算を含む。）・監査報告書	
		(ウ) 設置者全体の今後5年間の収支（損益）予算書	※ 別紙7を参考のこと
		(エ) 設置者全体の今後5年間の借入金等返済（償還）計画	※ 別紙7を参考のこと
		(オ) 普通預金・定期預金等の	※ 提案書の提出日の1週間以内の発行日付のもの。

	残高証明書	
	(カ) 納税証明書	(以下に掲げる全てのもの) ※証明書の発行日：提案書の提出日から起算して２週間以内の発行日付のもの（A～C共通） A　納税額等の証明（法人税に係るもの）【納税証明書（その１）】 B　所得金額の証明（法人税に係る所得金額）【納税証明書（その２）】 C　滞納処分を受けたことがないことの証明【納税証明書（その４）】 ※　納税証明書の取扱いについては、以下のとおりとする。 国税通則法（昭和３７年法律第６６号）第１２３条に規定する証明書のうち、以下の証明書（提出期限の３か月以内に発行したもの）ただし、A及びBの証明書については、直近３か年の決算報告書のうち、最も直近の会計年度と同年度のもの。Cの証明書については、発行日前日の３か年前から発行日前日までのもの。
	(キ) 法人代表者の履歴書	
	(ク) 登記事項証明書（全部）	
	(ケ) 定款又は寄付行為の写し	
	(コ) 児童福祉法第３４条の１５第３項の基準に関する誓約書（様式４）	
	(サ) 直近年度の保育士の離職者数及び離職率	年度当初在籍数に年度途中に採用した保育士を加えた数に対する離職者の割合がわかる資料をご提出ください。
	(シ) 職員の福利厚生制度	

運営実績のある施設等に関する書類
※　応募意向通知書提出後に指定する施設等について添付すること。

カ　運営している施設等に関する書類		
	(ア) 基本的な事項に関する書類	以下に掲げるもの A　直近３年度分の資金収支計算書及び資金収支内訳表 B　指導検査結果（又は立入調査結果）の写し（直近のもの） C　直近の施設調査書（現況報告書）の写し D　重要事項説明書（施設等のしおりなど）
	(イ) 教育・保育内容関係書類、帳票	以下に掲げるもの A　教育・保育課程の写し B　指導計画（年間（※保健・食育の各計画を含む）・月案・週案）の写し C　児童票、日誌、保護者との連絡帳の見本 D　食事移行時のお知らせ（保護者向け）

		E 食育年間計画表
		F 家庭配布献立表及び献立実施録
	(ケ) 職員の状況等に関する書類	以下に掲げるもの A 直近年度の職員の採用、退職、法人が運営する他の保育所からの異動の状況が確認できる書類 B 当該園の職員の勤続年数や経験年数、年齢構成の状況が確認できる書類 C 直近年度における育児休業、介護休業等の各種休業制度の取得状況が確認できる書類

参考資料「中野区認可小規模保育事業所設置運営事業者募集要項」

第7章 魅力ある設計とデザイン

保育園の外観や内装をどのようにするかは、保育園にとって大きな要因です。保護者と子どもたちが毎日通ってくるところですから、奇抜な外観や内装はかえって保護者や保育者の飽きを招くかもしれません。しかし、ある程度の個性は必要でしょう。「見てくれは一過性のもの」とはいうものの、保育園のデザインが魅力的なものであることは重要になってくると思います。

　もっとも、これから保育園を立ち上げようとする方は、すでに頭の中に保育園の外観や内装に対するある程度のイメージができ上っていることでしょう。

　もちろん、自分の保育園ですので、自分の思い通りに作っていいのですが、保育園として押さえるべきところは押さえておくべきです。たとえば、保育室の床が固すぎる、保育室に段差が多すぎる、採光率は問題ないがところどころ室内が暗い、室内の空調が全体に行きわたらない、などということがないように気をつけるべきです。大人の目線と子どもの目線とは違うということにも配慮すべきでしょう。見た目には同じ作りでも、大人には見えても子どもには見えない装飾や、設備の安全面や運営面での支障を来してしまうことは結構あるものです。

　そして、このような不都合は、得てして完成した後で気づくことが多いのです。ですから、自分の思っているイメージと実際の設備との間に齟齬が生じないように、設計の段階から最大限の配慮を払うべきです。自分の作ろうとする保育園のイメージが、利用者に受け入れられるのかどうか、保護者や保育者の話によく耳を傾ける機会を持つことも大切です。

　そして、保育園の設計とデザインには、十分な時間をかけて、園内で起こり得るさまざまな事態を想定し、各項目のチェックに細心の注意を払いながら進めるべきです。

　設計とデザインとは、経営目的や保育理念に基づいて、小規模保育の施設全

体の作りをどのようなものにするかということです。そして、大切なことは、子どもを預ける多くの保護者は、見学に来たときの保育園の雰囲気を感じ取って保育園を決めているということです。

保護者の視点に立って考えてみましょう。保育料、保育時間などは、ほぼ同じ条件です。そうすると、保護者が保育園を選ぶ基準は、立地とは別に、保育内容がどういう状態にあるのかということになります。つまり、保育料に見合った保育内容の保育園であるか否かということです。

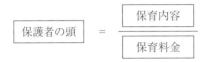

では、保育内容として保護者がチェックするのは何でしょうか。

いちばん最初に目に入るのは、保育園内に入ったときの室内の内装です。いわゆる、保育のハード面です。不衛生で、ちょっと工事しただけの粗雑な作りの園は魅力的に映りません。

当然、内装は、チープな内装よりも、センスがあるほうがいいでしょうし、清潔感があったほうがいいでしょうし、衛生的な室内であるべきです。

そして、次に気にするのは、子どもや保護者に対する保育者の姿勢です。保育のソフト面です。保育者は笑顔で応対してくれているか、挨拶はきちんとできるか、最低限のマナーや礼儀は身につけているか、言葉使いは丁寧か、などということです。

ここではまず、保育園のハード面をどのようにするかを考えてみましょう。

近年の保護者に好まれる保育園の内装のキーポイントは、「衛生的で落ち着いた空間」です。そして、とくに注意を払わなければならないのは、保育園は保護者が毎日来るところだということです。すなわち、飽きのこない内装であることが求められるのです。そのようなことも念頭に入れて、内装をする時のポイントをいくつか列記します。

①落ち着いた色づかいの室内であること

　⇒保護者が毎日訪れてくれる場であることを考慮して落ち着いた内装にすること。原色を配した室内は、たまに来る人には存在感を示すうえで効果がありますが、毎日来る人に対しては気が休まりませんし、子どもにとっても生活空間としてはよくない面もあります。落ち着いた空間にするために簡単な方法は、高級感のある内装にすることです。この方法だと落ち着いた空間にもなりますし、保護者にも好感がもたれます。イメージしやすいところだと、たとえばですが、5,000万円相当の分譲マンションの内装素材を念頭に置くことも1つの方法です。

　また、壁の面によって色を変えたり、間接照明を取り入れたり、光の流れを効果的にすることでも、落ち着いた空間になります。

②備品にはお金をかけること

　⇒備品は、安全で壊れにくいものであることが大切です。たとえば、照明を飛散防止の蛍光灯にすることは、自治体によっては絶対的な条件です。仮に、何かがぶつかって割れたとしても、子どもに害が及ぶことが防げるからです。詳しくは、第8章「備品の購入」で説明します。

③床暖房を取り入れること

　⇒保育園が1階にある場合には特に必要です。冬季に地面からの冷気を防ぐことができないからです。また、エアコンだけでは室内全体が暖まりません。その補完として床暖房を取り入れることをお勧めします。これは全面床暖房である必要はありません。室内の中央部にマット式の床暖房を敷くだけでも効果があります。

④スピーカーは音響のよいものを設置すること

　⇒ほとんどの保育園では、室内にラジカセを置いて音楽などを流していますが、質のよい音のある環境は意外と重要です。たとえばですが、BOSEのスピーカーのある保育園とラジカセから流れてくる音を聞いている保育園とを比べてみてください。その違いは歴然としています。

⑤壁にボードや落書きボードなどを貼っておくこと

　⇒保育園に行った時によく目にするものに、壁一面にいろいろなものを貼

り巡らした光景があります。ウサギやクマなどの切り抜きの絵や文字をくり抜いた色紙の羅列などがそれです。壁に貼ることで、壁の痛みは早くなりますし、汚れます。絵や切り抜き文字はボードに貼るようにします。また、子どもたちが壁に落書きしてもいいように、落書きボードを設置しておくことも1つの方法です。

⑥室内に鏡を設置すること

⇒特に0歳児の場合には、鏡を見ることで自己認識を行い、鏡を見ながらいろいろなことを考えるといわれています。子どもたちの目の届くところに鏡を一面に設置することもいいと思います。

以上が、保育園の内装を設計・デザインする時の基本的な注意点です。

ただし、このように内装にこだわる必要性は、全ての保育園にあるわけではありません。地域における保育施設の需要と供給の市場原理によって、内装のこだわりの必要性が異なるからです。

保育園の供給に対して需要が多い地域の場合、保護者は、とにかく預かってくれればいいということで、定員の空いている保育園を求めて子どもを入園させます。施設のハードやソフトがどうあるかまでは、それほど関心が行き届かない場合もあります。

しかし、需要と供給のバランスがほぼ一致した状況になると、保護者は保育園のハードやソフトにまで関心をもつようになります。もちろん、供給より需要が少なくなった場合も同じです。したがって、このような状況になった時に、ここで説明してきた要素が保護者の選択肢に組み込まれることになります。

ご参考までに、私のところで運営している保育園の平面計画図と園の内観外観を1つの例として載せておきます。

A園

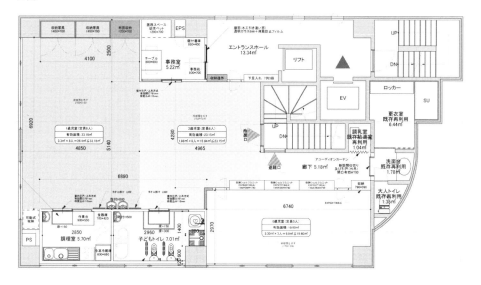

B園

第7章 魅力ある設計とデザイン

落ち着いた雰囲気の保育園の外観と室内

清潔感のあるキッチンとトイレ

保育園内に設置されたスピーカー

第8章　備品の購入

保育園を開業する際、もっとも費用がかかるのは外観・内装のための工事費ですが、その次にかかるのが備品を揃えるための費用です。

　もちろん、工事費と備品費用とではその金額に大きな差があります。とはいうものの、それでも100万円以上を費やす項目となります。この額は、保育園の開業費用としては大きなものであると同時に、備品の充実度がその保育園の質を表しているとも言えます。

　備品費用は、揃える備品のグレードによっても大きく異なってきます。高級なものばかりで備品を揃えようとすると、200～300万円はあっという間に超えてしまいます。すべてを一般的な備品で揃えようとしても、100～150万円はかかります。しかし、とくに子どもが扱う備品の良し悪しに、めざとい保護者の目はすぐに見抜いてしまいますから、保育園にとって備品を充実させることは大切な要素です。

　ここで気をつけたいのは、これまでの工事などで準備していた金額の大部分を使い果たしてしまい、備品に回す予算が確保できなくなり、十分な備品量を揃えることができない状態に陥ってしまうことです。備品代に対して補助金を出している自治体もありますが、それも工事補助金と同様償還払いです。まずは自分で購入し支払うことになりますので、注意が必要です。備品代が確保できなかった結果、中古品や貰い物ばかりで揃えてしまうことになりかねません。それでは、せっかくの計画通りに高めてきたハード面の質を落としてしまうのです。そのような事態に陥らないためにも、備品を購入する費用として、最低でも100万円は確保しておくことが必要です。

　保育園の外観や内装同様、備品の充実度合が、その保育園の質を決定づける、と考えても間違いありません。

　小規模保育での備品は大きく3つに分かれます。1つは子どもが用いる絵本

やオモチャ類です。2つ目がさまざまな家庭電化製品（家電）です。そして3つ目が主に消耗品として使われる事務用品や台所用品などです。

　開業時前の必要費用としては、100万円を予定しているとすると、絵本やオモチャに50万円、家電に50万円という配分になります。

　絵本に関しては、美本であれば、新本にこだわることはないと思います。絵本は、200冊ぐらい揃えたいものです。一度にすべてを揃えることは大変ですが、注意して探していると、使用品がまとめて売りに出されていることもあります。まとめ買いすることで費用を抑えることができますので活用しましょう。また、すでに使わなくなった絵本が家庭内で眠っていることがあります。地域の人に呼びかけて絵本を収集することは、いらなくなった本の整理をうながすことにもなります。眠っている本の活用も、一つの方法です。

　オモチャとしては、ぬいぐるみなどのほかにも粘土やクレヨンなどの幼児教育用玩具もあります。たとえば、粘土、クレヨン、色鉛筆、幼児用ハサミ、簡易プール、積木ブロック、ヒモ通し、おままごとグッズ、人形、ガラガラ、車・電車などのオモチャ、ボール、パズルなどです。

　オモチャ類は、毎日、使った後で消毒するので、あまり複雑な形をしたものは購入しないよう心がけます。とくに、お子様セットなどの何かの商品のおまけのようなオモチャの導入はやめましょう。子どもには人気のあるものですが、すぐに壊れますし、複雑な形のものが多く、清潔さを保つことが困難だからです。積木は、直方体や正方体の単純な形のもののほうが、子どもたちの想像力を喚起するには有効的です。

　家電については、費用節減のために中古品を購入している場面が見られます。家電の中古品の購入は避けるべきです。すでに書きましたが、すぐに壊れがちですし、壊れた時に保証の効かないことがほとんどです。結局、買い換えることになるので、新品を購入しましょう。どうしても経費を押さえたいときには、同じ新品でもグレードを下げるという手もあります。

　電気製品としてぜひ購入しておくべきなのが「ベビーセンス」です。これは1歳児未満の乳児が起こしやすい乳幼児突然死症候群（SIDS）を感知し、知らせてくれる機械です。（SIDSに関しては、第10章「リスクマネジメント」の「保育

の事故」で説明します）ベビーセンスを設置しておくことによって、子どもの呼吸が乱れてきたときに感知し知らせてくれるので、早急に対処することが可能になります。ベビーセンスは、リースもできます。

　事務用品や台所用品に関しては、必要に応じて買い足していくことも可能ですが、やはりある程度は揃えておきたいものです。この部分をあらかじめ用意しておくか、あとで必要に応じて買い揃えていくかで、開業前に必要な資金に違いが出てきます。

　以下に、一般的な小規模保育での備品一覧を掲載しますので、小規模保育を開設するにあたって、どのような備品を揃える必要があるのかを把握しておいてください。

　なお、この一覧では備品の予算額を消耗品も含めて合計150万円相当に設定しています。備品発注リストの参考資料として活用してみてください。基本的にはすべて必要な備品類となります。

開園前：備品発注予定リスト（保育）

No.	項目	品名	数量	単価	金額
1	家具関連	ローチェア	2		
2	家具関連	角用クッション	1		
3	家具関連	ニューセーフティーハンガー	1		
4	家具関連	フックスタンド	1		
5	家具関連	園児用ミニチェア	15		
6	家具関連	園児用テーブル	4		
7	家具関連	下足入れ（2個セット）	1		
8	家電	DVDプレイヤー	1		
9	家電	デジタルカメラ	1		
10	家電	ラジカセ	1		
11	家電	加湿器	1		
12	家電	ポット	1		
13	家電	掃除機	1		
14	家電	炊飯器	1		
15	家電	冷蔵庫	1		
16	家電	電子レンジ	1		
17	家電	洗濯機	1		
18	家電	PC	1		

19	玩具等	児童書	7		
20	玩具等	幼児教育・玩具等	1		
21	事務用品	タイムボーイ	1		
22	事務用品	カール事務器　手提金庫	1		
23	事務用品	ラミネーター	1		
24	事務用品	ネームランド	1		
25	事務用品	のり	3		
26	事務用品	でんぷんのり	3		
27	事務用品	ほうき	2		
28	事務用品	ちりとり	2		
29	事務用品	雑巾	6		
30	事務用品	ばけつ	3		
31	事務用品	ゴミ箱小	2		
32	事務用品	ガムテープ	4		
33	事務用品	セロハンテープ	3		
34	事務用品	セロテープ台	1		
35	事務用品	バインダー	6		
36	事務用品	領収書	3		
37	事務用品	計算機	2		
38	事務用品	ホッチキス	3		
39	事務用品	ホチキス針	3		
40	事務用品	電池	3		
41	事務用品	カッター	2		
42	事務用品	ドライバー	1		
43	事務用品	スポーツナップザック	1		
44	事務用品	ガラス戸用ごっつん防止カバー	8		
45	事務用品	アクリル定規	1		
46	事務用品	出納帳	1		
47	事務用品	クリップ（100個）	1		
48	事務用品	ものさし	2		
49	事務用品	メジャー	1		
50	事務用品	スズランテープ	1		
51	事務用品	A4ノート	5		
52	事務用品	付箋	2		
53	事務用品	インデックスシート	5		
54	事務用品	輪ゴム	2		
55	事務用品	カレンダー	2		
56	事務用品	穴あけパンチ	1		
57	事務用品	A4コピー用紙（500×10）	1		
58	事務用品	A3コピー用紙（500）	1		
59	事務用品	CDケース	1		
60	事務用品	ラミネートフィルム	1		

61	事務用品	修正テープ	1
62	事務用品	はさみ	2
63	事務用品	ホチキス（小）	8
64	事務用品	ホチキス（50枚以上）	1
65	事務用品	ホチキス針	7
66	事務用品	パンチ（小）	2
67	事務用品	カッター	3
68	事務用品	セロテープ	10
69	事務用品	テープカッター	2
70	事務用品	両面テープ	5
71	事務用品	ビニルテープ	5
72	事務用品	スタンプ台（黒）	1
73	事務用品	朱肉	1
74	事務用品	A4ノート	10
75	事務用品	修正テープ	10
76	事務用品	鉛筆（12）	2
77	事務用品	ホワイトボードマーカー	5
78	事務用品	ホワイトボード消し	3
79	事務用品	A3額（理念・重説等）	16
80	事務用品	A4額（掲示用）	12
81	事務用品	事業所ハンコ（住所・電話）	1
82	事務用品	ホワイトボード（事務所用）大	1
83	食器関連	スープボール（12個セット）	2
84	食器関連	ミールプレート（10個セット）	2
85	食器関連	チークブロック（262個入り）	1
86	食器関連	ミッキーフォーク	9
87	食器関連	ミッキースプーン	3
88	食器関連	スティッチフォーク	6
89	食器関連	スティッチスプーン	9
90	食器関連	チップ＆デールフォーク	5
91	食器関連	チップ＆デールスプーン	7
92	食器関連	メモリ付お玉中約	1
93	食器関連	クッキング泡立て	1
94	食器関連	オーバルメモリ付お玉	1
95	食器関連	ぶつかり防止クッションテープ	5
96	食器関連	ニューギャラクシー穴あき	1
97	食器関連	分割プレート	4
98	食器関連	落ち落ちキングメラミン	1
99	食器関連	ゼムクリップ	1
100	食器関連	メラミン皿	20
101	食器関連	メラミンおわん	5
102	台所用品	スケール付き　まな板シート	1

103	台所用品	さや付きフルーツナイフ	1	
104	台所用品	小包用手で切れる梱包用テープ	2	
105	台所用品	クッキングターナー	1	
106	台所用品	ステンレスキッチンハサミ	1	
107	台所用品	キャノーラ油	1	
108	台所用品	ベジタブルピーラー	1	
109	台所用品	ステン計量カップ	1	
110	台所用品	計量スプーン	1	
111	台所用品	備長炭入りエンボスしゃもじ	1	
112	台所用品	ステンレスボール	1	
113	台所用品	ステンレスザル	1	
114	台所用品	カレープレート	2	
115	台所用品	食器用ふきん	6	
116	台所用品	台吹き用ふきん	6	
117	日用品	メッシュ 傘立て（大）	1	
118	日用品	ジョイントダストボックス	3	
119	日用品	ばんそうこう	3	
120	日用品	消毒液	3	
121	日用品	綿棒	3	
122	日用品	爪切り	2	
123	日用品	ピンセット	3	
124	日用品	ハサミ	3	
125	日用品	包帯	3	
126	日用品	ガーゼ	3	
127	日用品	コップ	25	
128	日用品	タッパー	6	
129	日用品	かご	18	
130	日用品	手洗用洗剤	4	
131	日用品	時計	2	
132	日用品	物干し	3	
133	日用品	ドアストッパー	9	
134	日用品	スリッパ	1	
135	日用品	クッションテープ	6	
136	日用品	マーカー	5	
137	日用品	折り紙	6	
138	日用品	タオル	4	
139	日用品	食器用洗剤	3	
140	日用品	トイレ用洗剤	3	
141	日用品	床洗剤	3	
142	日用品	クイックルワイパー	4	
143	日用品	ボールペン	2	
144	日用品	洗濯用洗剤	3	

145	日用品	ガラス用洗剤	3	
146	日用品	スポンジ	3	
147	日用品	書類ケース	10	
148	日用品	霧吹き	2	
149	日用品	輪ゴム	2	
150	日用品	スプーン	5	
151	日用品	コンセント栓	8	
152	日用品	トイレ掃除用モップ	2	
153	日用品	メジャー	1	
154	日用品	水切りネット	1	
155	日用品	図画用紙	1	
156	日用品	色画用紙	5	
157	日用品	シャボン玉	2	
158	日用品	トランプ	1	
159	日用品	ジェット風船	1	
160	日用品	おおなわとび	1	
161	日用品	ファンタジックなわとび	2	
162	日用品	国旗かるた	1	
163	日用品	カラフルベランダサンダル	1	
164	日用品	ぶつかり防止クッション	1	
165	日用品	ワンタッチテープ	2	
166	日用品	方眼直線定規	1	
167	日用品	ダブルクリップ	1	
168	日用品	シンプルマット	1	
169	日用品	買い物かご	2	
170	日用品	ティッシュ5P	1	
171	日用品	ユーロール12ロール	1	
172	日用品	お部屋の消臭力	1	
173	日用品	オレンジジョイ	1	
174	日用品	母乳カンプラ	1	
175	日用品	アタックL	1	
176	日用品	延長コード	2	
177	保育用品	たれつき体操帽子	24	
178	保育用品	カラー誘導リング	1	
179	保育用品	れんらくノート	22	
180	保育用品	電子オルガン	1	
181	保育用品	防災グッズ	1	
182	保育用品	体重計	1	
183	保育用品	身長計	1	
184	保育用品	乳児用ベッド	2	
185	保育用品	お昼寝マット(10枚セット)	2	
186	保育用品	ハンズフリーゲート	3	

187	保育用品	画用紙	5		
188	保健・衛生品	ベビーセンス	2		
189	保健・衛生品	消毒じょ～ず＆衛生ケース	1		
190	保健・衛生品	食中毒防止温湿度計	1		
191	保健・衛生品	体温計	2		
192	保健・衛生品	マミーポコパンツ	1		
193	保健・衛生品	ほ乳瓶野菜洗い洗剤	1		
194	保健・衛生品	オシリナップサッパリ	1		
195	保健・衛生品	アイスタッチ大人用	1		
196	保健・衛生品	ハンドタオル	15		
197	保健・衛生品	フェイスタオル	15		
198	保健・衛生品	哺乳瓶（園用）	1		
199	保健・衛生品	シーツ	5		
200	保健・衛生品	おねしょパッド	5		
201	保健・衛生品	食器消毒用かご　315	1		
202	保健・衛生品	ピューラックス　600ml	1		
203	保健・衛生品	霧吹き	1		
204	保健・衛生品	ハンガー（5個入り）	2		
205	保健・衛生品	レジャーシート	1		
206	保健・衛生品	調理用エプロン	4		
207	保健・衛生品	三角巾	4		
208	保健・衛生品	冷えピタ	3		
209	その他	その他	1		

第9章　開業における税務知識

保育園を開業するという作業に集中していると、経営のことばかりに頭がいって、ほかのことにはなかなか考えが及ばなくなるということがよくあります。確かに、いかによい保育園を開業するか、子どもたちにとって喜ばしい環境を整えるか、ということに考えを巡らせることは大切です。しかし、事業には税金が関係していることも考慮しなくてはなりません。

　現在進行しているお金の収支が、そのまま納税に関わっているということです。

　開業前の段階では、基本的に事業収入はありませんが、銀行からの借入金やさまざまにかかった経費など、税務全体に関する知識を把握しておくことが必要です。

　税務とは、会計処理に基づいて作成された決算書の申告額に応じて、納めるべき税金額を計算、申告、納税することです。納めなければならない税金としては、法人税、消費税、住民税、消費税などがあります（保育事業は、消費税は非課税です）。そして、税務のためには、さまざまな帳簿を作成しておくことで、所得を正確に計算することが容易になります。この税務の実務に関しては、「第11章　時間圧縮マネジメント」で触れる「ITを活用する経営」も参考になるかと思います。ここでは、実務に関することは触れずに、税務の考え方について説明します。

　なお、この章で説明することは、いかに節税するかという観点からの税務です。

1 ローンとリース

　税務上の問題として抑えておかなければならないことの1つに、ローンとリースの違いがあります。どちらもお金を払うということでは同じですが、単

純に考えるとローンとは「お金を借りる」ことです。リースとはレンタルと同じで、機械や設備などの「物品を借りる」ことです。ここが肝腎なのですが、リースは必要経費に入れることができ、損金として処理することができます。たとえば、車やパソコンなどは、ローンで買うとお金はなくなりますが、損金にはならないので利益は出てしまいます。リースにすると、必要経費として落とせるということです。

ローンで購入した車は、資産として計上され、分割していく代金は未払金として経理上の処理をします。その後、年数が経つにしたがって耐用年数で減価償却した資産額になります。そして、車の所有権は事業主にあります。

これに対してリースの場合には、車は借りていることになっているので、毎月の使用料（支払額）をリース代、賃貸料などの名目に計上します。契約の内容によって異なりますが、リース期間が終わっても車の所有権が移ることはありません。

より具体的に説明していきます。

たとえば、100万円の利益が出ている決算内容の状態で、当該期内に100万円で車を有していたとします。この場合、ローンで買った車だと、100万円の資産になるわけですから、1年間で100万円の利益が出たことになります。利益が出た場合には、その40％は税金でもっていかれることになりますので、純利益は60万円です。しかし、リースで借りた車の場合、100万円はすべて必要経費なので、税金は支払わなくて済みます。これは大きな違いになります。

2 減価償却と資産計上

減価償却とは、機械や建物が使用頻度や時間の経過とともにその価値を失っていくため、その期間（耐用年数）に応じて徐々にその資産額を減じていくことです。

たとえば、1,000万円かけて工事をします。仮にひと月に100万円の利益が上がったとすると、今月の赤字は900万円だという計算になります。しかし、減価償却の考えで、この工事費を10年間で償却するならば、工事したビルの

構造にもよりますが、わかりやすく計算してみたとすると、120か月分の1と計算すればいいので、会計上の利益は出ます。問題は、資産として計算する時期をどのように見るかによって異なってくるということです。

単純に、事業が得た収益から必要経費を差し引くと利益は出ます。

収益（事業で得た成果）－**費用**（成果を得るために払った犠牲）＝**利益**（儲け）

しかし、この場合には、この収益と費用がいつのものか、ということが考慮されていません。事業は継続していくものです。したがって、利益を計算する時には、それがいつの収益と費用なのか、その期間を区切ることが必要になります。この収益と費用とが同じ期間内同士で対応している必要があるのです。

たとえば、工事を行うと費用が生じます。しかし、その費用はその時だけのものではありません。長期間にわたって経費が生じます。一方、工事費用金額を工事した期間だけに限定してしまうと、収益と費用とが対応しなくなってしまうのです。

このように、費用が一期間だけでない時には、全てを費用とするのではなく、資産として計上しておきます。その後、収益に対応すべく徐々に費用にしていくのです。

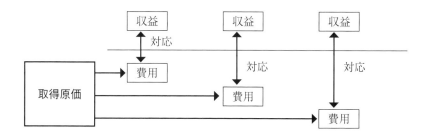

このように、費用を1回だけにしないで、資産を徐々に費用化していくのが減価償却の考え方です。

一時の費用でなく、長期間にわたって費用となるものを資産として考えるこ

とが、資産計上です。利益がたくさん出ている時には費用も大きいほうが、その年に支払う税金は少なくなります。したがって、利益がたくさん出ていて税金を支払いたくないのであれば、資産計上せずに一括経費処理したほうが税金は少なくなります。

　しかし、赤字の時には、費用を増やしても支払う税金は少なくなりません。その場合には、費用を資産計上して、毎年少しずつ計上したほうが得になるのです。

　ただし、全ての資産を一括経費処理できるわけではありません。基本的には、10万円以上の物品（備品など）を購入した時には一括経費処理はできませんが、9万円の場合には費用（経費）として認められます。ものによって異なりますが、一応、10万円が分かれ目だということは認識しておいてください。

第10章　リスクマネジメント

どのような事業においても、経営が順調にいっている時に問題は生じないもの。しかし、永遠にすべてがうまくいくという保証はどこにもありませんし、順調だと思ったときにはすでに問題は内在化してきている時だともいえます。まして保育園という子どもを対象にする事業においては、万全の注意を払っていても、不測の事態は起こりがちなものです。よい面だけに目を向けるのではなく、不測の事態にも備えていなければなりません。そのような不測の事態にあらかじめ備えておくのが事業主の役割でもあります。

　ある事業を行う上では事業主のみならず、保育園のスタッフや保育士も含めて不測の事態に対する心構えは欠かすことができません。どのような事故も起こしたくない、というのは誰しも願うことです。にもかかわらず、事故は起こってしまうものだからです。ですから、ふだんから予防対策を立て、訓練をし、万が一の不測の事態に備える必要があります。訓練は、たとえ疑似体験であっても一度経験しておくことによって、頭の片隅に対処の仕方が残り、その記憶を基に行動できるから役に立つのです。

　とくに、子どもを預かる保育園においては、万が一の不測の事態にも慌てることなく、子どもの安全を最優先して対処することが求められます。また、不測の事態を招かないように日ごろから子どもともども備えておくことが基本です。その心構えが思いもよらぬところで起こった事故を、最小限度のリスクで抑えることに結びつきます。

　リスクマネジメントとは、事業における事故や不測の損害を最小限の費用や対応策で効果的に処理するための経営管理方法のことです。

　保育園におけるリスクマネジメントとしては、「子どもの事故・保護者からのクレーム」、「コンプライアンス（法令遵守）」、「書類上の不備」などが考えられます。

1 保育の事故

　保育の事故でもっとも注意すべきは死亡事故です。
　とくに、近年多くなっている「乳児突然死症候群（SIDS）」は、一見何事もなく元気に過ごしていた乳幼児が、事故や窒息ではなく、なんの前触れもなく突然呼吸を停止し、死亡してしまう病気です。ほとんどの場合が生後3か月未満に偏ります。この症状は、年々増加の傾向にあり、2007年の人口動態統計では、日本における1歳児未満の乳児死亡原因の第3位がSIDSです。日本での発症頻度は、6,000人から7,000人に1人という割合で生じており、2016年には全国で109人の赤ちゃんが亡くなっています（厚生労働省発表）。この症状の原因はまだ不明のため、医師が正確な診断をできないというのが現状です。
　注意事項としては、「うつぶせ寝は避ける」、「周りの人はタバコをやめる」、「できるだけ母乳で育てる」などが挙げられています。日々のブレスチェックやベビーセンスを設置して対応することで、早期発見には役立ちます。
　また、感染症を防ぐことも事故対策としては重要です。感染症とは、細菌、真菌、ウイルス、寄生虫、異常プリオンなどの病原体が人間の体内に入り込むことによって生じる病状のことです。保育園においては、とくに、子どもの衛生管理上の事故としての食中毒が挙げられます。食中毒と疑われる時には、最寄りの保健所に届け出ることが必要です。
　食中毒の原因となるものは、主に「サルモネラ」「黄色ブドウ球菌」「腸炎ビブリオ」「O157」などですが、これらはいずれも煮沸消毒することで消滅することからも、保育園では原則的には加熱したものを提供するようにしましょう。
　また、食堂や調理器具の汚れも大敵です。食堂や調理器具は必ず滅菌消毒をしてから帰るようにしましょう。その結果、翌日は、ほぼ菌のない状態からスタートすることができるはずです。とくに調理器具や布巾などは、2％に希釈した塩素水に2分間浸けたのち、水洗いをして乾燥させることが基本です。また、オモチャに関しても、基本的には同様の消毒をしておくようにしましょう。とかく子どもは、オモチャを口に入れたりしますので、殺菌して清潔にしておくことが求められます。

食中毒は、水、栄養分、温度のどれか1つの条件を断ち切ることで防ぐことができます。そのためにも清潔に保つことに万全を期します。

　また、食事に関連して起こる事故に、食物アレルギーがあります。食物アレルギーとは、ある特定の食物を食べたり飲んだりすることによって、身体に引き起こされるアレルギー反応のことです。乳児の10人に1人の割合で食物アレルギーがあると言われ、その多くが乳児のアトピー性皮膚炎として発症しています。原因となる食物としては、タマゴ、小麦、牛乳、サカナ類などがあります。これらのアレルギー反応は、子どもの成長とともに食物を消化する働きや胃や腸の機能が発達して、発症しなくなったり、症状が軽減されると言われますが、放っておくことで症状が悪化したり、治りにくくなることもあります。食物アレルギーに関しては、必ず入園前に保護者からヒアリングして事前チェックをし、該当食物を子どもに与えることは絶対に避けましょう。
　主な食物アレルギーとしては、小麦、大豆、タマゴ、乳、落花生、蕎麦、エビ、カニ、サバ、豚、鶏、ゼラチン、オレンジ、リンゴ、桃、山芋、イカ、ゴマ、クルミなどがあります。
　また、保護者が気付いていないアレルギーもあります。定期的にヒアリングして確認してください。

　子どもが病気などの時に、保護者から薬を預けられるようなことがあります。その際には、必ず「投薬委託書」を提出してもらうことを徹底します。口約束で薬を預かり、服用後の子どもに異常が生じた時に書面による証拠がないと、万が一の場合に訴訟の原因になることもあるからです。
　出血を伴うような大きな事故の場合は、有無を言わさず病院へ駆けつけます。しかし、発熱の場合は、体温によって対応の仕方が違います。
　10年ほど前までは37.5℃、保育園によっては平熱＋0.5℃で保護者に連絡し、迎えにきてもらうなどの対応が多かったようですが、最近では38〜38.5℃でのお迎え連絡を基準とする保育園もあります。
　本来、子どもの状態に合わせて臨機応変に対応したいところではあります

が、子どもによって平熱は違いますし、子どもは大人よりも体温が高いので、保育園としてはマニュアル化せざるを得ないのが現状でしょう。

　また、インフルエンザや手足口病などの感染症にかかった場合は、再登園する際には、医師の診断による登園許可証が必要です。

　基本的に、保育園は、健康な子どもを保育するのが前提ですが、医師の指示により、保育時間内に服用することが必要な薬はその限りではなく、再登園後、投薬を依頼された場合は、所定の投薬委託書を保護者より預かります。

　事故が起こった時に備えて、保険に入っておくことは絶対条件です。小規模保育の規模でしたら、1人5,000万円で、全体で10億円程度の保険でしたら妥当な範囲です。

　これまでの病歴や持病といった既往歴、あるいは食物アレルギーに関連することでは、子どもの健康診断書は、必ず入園前の記録を入手してください。入園後に診断書を入手して、保育園を利用できないことが分かり、その対処法が困難な場合でも対応が後手に回ってしまうからです。このことは、事業主が保育者を採用する時にも同じことが言えます。健康であり、仕事に支障がないことが明らかになってから採用することが、健全な保育活動には必要だからです。

2 クレーム

　保育園に対するクレームも大なり小なりあるものです。どんな仕事でも、クレームを100％完全になくす、ということは困難です。ただし、最小限に留めることは可能ですし、これを次へのチャンスと捉えることもできます。クレームがあることによって問題点が顕在化し、その解決を図ることを通して、よりよい保育園の運営が可能になるからです。ピンチはチャンスにすべきです。

　ここで、近年よく話題になる「クレーム」と「クレーマー」の違いについて考えてみましょう。

　クレームとは、本来あるべき姿でない状態を、本来の姿になるように求める

意見のことです。これに対して、クレーマーとは、本来あるべき姿を超えて、自分だけに利益がもたらされるように要求する人のことです。そして、さらに強硬だとされる「モンスター・ペアレント」とは、自分だけの利益のために本来あるべき姿を超えて、非常識、かつ強気で自分の意見を押しつけることです。

　たとえば、ある人の保育時間は18時までの契約でした。ある時、なんらかの都合でお迎えに来た時間が18時05分になってしまいました。そこで、その人が「5分ぐらいの遅れはいいじゃないか、延長料金の支払いは免除してくれ！」と言ってきたとします。

　あなたなら、どう対応しますか？

　恐らく、その人も、他人が同じ要求をしているのを目撃した時には、「遅れは遅れだから、延長料金は支払うべきだ」と思うでしょう。その時にはクレーマーではなくなるのです。

　100人に1人ぐらいはこういう人がいます。

　しかし、基本的には、よほどのことがない限りクレームをつける人はいません。世の中にはそんなに変な人ばかりはいません。

　また、子どもを預けている保護者の立場としては、保育園にはクレームは言いにくいものです。ここで担当保育者に文句を言ってしまうと、自分の子どもに変なことをされてしまうのでは、という疑心暗鬼に駆られてしまうからです。「そんなことを考える保護者がいるの？」と思うのですが、実際にそういう声を聞いたこともあります。自分の手の届かないところに子どもを預け、かつ自分が文句を言った人に保育を任せるのですから、不安に陥る気持ちもわかります。したがって、保育園のあり方や保育者に対する不満などからクレームをつける時には、ほとんどの人が保育園を辞める覚悟でいます。

　保育園としても、そのような不安や辞める覚悟を抱かせないためにも、子どもや保護者に対する対応には気をつけるべきです。

　クレームを軽減するための方策は必要です。

　ほとんどのクレームの要因は、保育者の姿勢と態度で解消できるからです。

保育園への不満は大きく分けて3つです。
　①保育者に笑顔がない。マナーがない。
　②保育士としての専門知識がない。
　③保護者とのコミュニケーションがとれない。
　これらに関しては、責任者（たとえば園長）がチェックするしかありません。そして、足りない部分は育成するしかありません。社内での勉強会や保育者と行う定期面談などの際に発見し、訓練することも必要でしょう。
　保育者の笑顔に関しては訓練することで身につけることができます、専門知識については、保育の現場に携わりながら、個々人の努力で覚えていくことが基本です。もちろん、社内の勉強会などで集中的に学ぶこともできますが、日常的に行っている仕事と密接に関わっている知識だけに、注意しながら仕事をしていくことで自然と覚えることができるものです。もちろん、保育年数や普段の仕事の様子を見ながら、欠けている点を注意し、かつ喚起を促すことも必要です。
　この3つのうちでもっとも育成に時間を要するのが保護者とのコミュニケーションでしょう。
　たとえば、次のような2人の会話を想定してください。
　保護者A「今日、うちの子は、元気に遊んでいましたか？　朝はちょっと元気がなかったものですから、心配だったんですよね」
　保育者B「CさんやDさんのお子さんは、ちょっと熱があったので散歩には行きませんでした」
　というような会話では、保育者Bさんは、保護者Aさんの質問には答えていないことになります。保育者からこのような答えが返ってくると、保護者としては「自分の子どもをきちんと見ていてくれているのかしら？」と不安になるものです。
　恐らく保育者Bさんは、「散歩に行けなかった子どももいたけれど、Aさんの子どもは散歩に行けるほど元気でしたよ」と言いたかったのでしょう。しかし、先の返答では、その意図は相手に伝わりません。相手の質問の核心には答えていないからです。

では、コミュニケーション上手になるためにはどのような訓練をすればいいのでしょうか。

　コミュニケーションがとれない人の共通点は、
①相手の言っていることが正確に理解できていない。
②自分の考えていることを順序立てて話ができない。
ということにあると思います。

　したがって、相手の言っていることを正確に理解することが、コミュニケーション能力を高めるための第一歩になります。

　そのためには、相手の言ったことをすべて書き止める訓練をすることです。たとえば、社内での打ち合わせの時などに、園長が言ったことを一字一句、そのまま書き写すのです。

　いわゆるメモをとることで、相手の言っていることを逐一聞きもらさないようにする注意力が身につきます。その結果、相手の言っていることを正確に理解できるようになります。

　さらに、人の話し言葉には、ある種のストーリー性があるものです。注意しながら話を聞いていることによって、やがて、その話の続きがどうなるのかを推測できるようになります。いわゆる、話の筋立てということが理解できるようになるのです。その結果、自分が意見をいう時にも、ある筋を考えてから話ができるようになっていきます。

　おそらく、自分の考えを順序立てて話せない人は、その場で思いついたことを、そのまま言葉にしているのでしょう。一度、自分の考えを咀嚼し、話にストーリー性をもたせてから言葉にすることで、自分の考えは相手に伝わるはずです。

　その時に意識することは、話の内容を手短に相手に伝えるためのポイント「5W1Hの法則」を念頭に置くことです。

　5W1Hとは、Who（だれが）、When（いつ）、Where（どこで）、What（何を）、Why（なぜ）という5つのW。1Hとは、How（どのように）ということです。

　したがって、「保護者Aさんのお子さんは、朝、家を出る時には元気がな

かったと聞いておりましたが、保育園では元気にしており、散歩にもみんなと一緒に行きました」という内容のことを報告すればいいのです。

　そして、もし付け加えるのなら、「今日、保育園で元気がなかったお子さんもいました」ということです。この会話も、他の子どもたちに、軽い風邪などの症状が見られたような時には、有効な情報となります。「風邪が移ると困りますから、家に帰りましたら、うがいや手洗いは忘れないでください」というメッセージを込めることができるからです。

　もっとも、風邪の症状のある子どもを保育園で預かることは、原則的にはしませんが……。

　もう1つ、保護者からのクレームの要因として、子どもの乱暴な言葉遣いがあります。これは、3歳児辺りから顕著に表れてくる傾向ですが、園児に乱暴な言葉を使う子どもがいたり、保育者が乱暴な言葉遣いをしたりすることによって、子どもがその言葉遣いを覚えてしまうのです。とくに3歳児ぐらいは、変わった言葉に興味を持つ時期でもあります。乱暴な言葉を使うことで、大人になった気分になりたがる時期です。保育園で覚えた乱暴な言葉を、家でも使うことによって保護者の不信を買ってしまうこともあります。園児の言葉遣いの変化にも注意しましょう。

　以上のように、保育者がこのような対応をしている保育園では、保護者からのクレームもほとんどなくなると思います。

3 コンプライアンス（法令遵守）

　コンプライアンスとは、文字通りに解釈すると「法律や条例を守ること」となりますが、一般的には、法律や条例などの法令だけに留まらず、社内規定や企業倫理、社会貢献などを守ることを意味しています。

　ここでは、保育園において問題にされやすい人員配置と保育課のチェックを受ける書類について説明します。

● 人員配置

　保育園におけるコンプライアンスの基本は、ほとんどの場合が、日々の保育者の人員配置の問題になります。

　保育園における人員配置の原則は、自治体の規定によっても異なりますが、国の定める最低基準では0歳児の場合には、保育者と子どもの比率が1対3、1歳から2歳児の場合には、同様に1対6、3歳児の場合には、同様に1対20、4歳児以上は、同様に1対30となっています。小規模保育の場合、それらの合計に、プラス1の保育者の配置を義務づけていますし、それ以上の場合もあります。この点については、開業する自治体の基準を調べてください。

　法令的には、この人員配置で問題ないのですが、子どもを預かっている時間と保育者のシフトの時間にズレがある場合には、この原則が崩れます。一般的に、子どもは登園簿によって保育園に来たか来ていないかを把握し、保育者はタイムレコーダーによって保育時間を管理しています。確かに、1日を通して見ている時には、1対3の比率が守られているかもしれません。しかし、時間帯によっては、保育者と子どもの比率が、1対2や1対4になっている場合が生じているかもしれないのです。

　仮に、朝、8時から預かる0歳児が6人の時には、保育者が2人いることで法令を満たしていますが、9時から預かる0歳児がさらに6人増える時には、保育者は合計で4人必要になります。そして、保育者のシフトは、おそらく8時からの人と9時からの人に分けて組まれるでしょう。この場合、2人の保育者が加わる9時前後の時間に、保育者のシフトの関係から3人で12人、あるいは2人で12人の0歳児預かってしまうことが危惧されるのです。実際には、ここに1歳児や2歳児も加わってきます。保育者の人員配置をチェックするのはますます複雑になるのです。

　こんな事態を避けるためにも、保育者と子どもの関係を表に展開し、時間帯別に保育者と保育士と子どもの配置をチェックする必要があります。

● 書類上の不備

　コンプライアンスの対象となる書類とは、小規模保育が法令に則って行われ

ていることを報告するために、保育課に提出する書類のことです。保育課のチェックを受けるのは、原則年1回、保育課に提出する書類で、必要事項が漏れなく記述され、実施されているかのチェックです。基本的には、すべての書類が間違いなく記述されていれば問題はないのですが、不備があった時には是正対象となります。この書類上の不備が是正されないと、行政側から厳しい処置を受けることになります。

　気をつけなければいけないのは、年に1回の書類検査だからといって、軽い気持ちで放っておき、たとえば年度末にまとめて行うとなると大変な作業量になってしまうことです。多くの煩雑な書類を整理することから、書類上の不備という事態に繋がってしまいがちです。やはり、毎日、毎月末には必要事項をチェックし、つねに監査に備えておくという心構えが必要でしょう。保育園内での事前チェックは、園長だけでなく、マネージャーなどとのダブルチェックが必要です。

　特に、保育記録、消防訓練記録簿や健康診断書、衛生管理帳などは、定期的に行われていて、正確に記録として残っていることが求められます。

第11章　時間圧縮マネジメント

改めていうまでもなく、どのような仕事においても「心と身体」を健全に保つことは大切なことです。とくに保育の場合には、小売業とは違って商品がありませんので、なおのこと心と身体の健全さは大切です。心や身体の不健全さが子どもの保育に影響してしまうからです。

　特に、心が重要です。

　事故などによる傷や怪我を除き、体調不良の多くは心の不調から起こるからです。

　事実、緊張して胃が痛くなることはよくありますが、胃という臓器自体に原因があるわけではなく、緊張という心が原因になることもあります。

　腰痛なども、心因性が原因である確率が30％以上であるという結果もあるくらいですから、心は重要です。

　また、現実的にも、心や身体の不健全さが子どもの保育に影響してしまいかねません。まさに身体こそが資本です。

　しかし、保育における業務は複雑で、いくら時間があっても足りるということがありません。まして、日中に時間が取れなかった場合は、多くの作業は園児が帰った後で行わなければなりません。保護者への「園だより」などの作成や業務上の保育計画などの書類の作成、保育者の日程表の作成、さらには前回までに終わらなかった書類を仕上げなどと、時間があればあるだけ仕事が増えてくるようです。そして、帰宅が遅くなってしまうのです。しかし、どれひとつとっても途中で投げ出すことはできません。いつの間にか時間だけがどんどん過ぎて、体力も続かなくなってしまいます。そして、必要以上に身体が疲れてしまうと、次第に心も疲れてきます。そして、ストレスを溜め込み、やがて病気になったりすることもあります。

　この悪循環を止めるためには、業務の改善・迅速化が必要です。効率化できるところは効率化すべきです。

幸いにも、現在は、コンピュータ・システムを導入することによって、仕事の精度を高め、それまで煩雑だった業務のスピード・アップを図ることが可能になっています。このコンピュータの能力を活用しない手はありません。その結果、仕事が早く終わりますので、その分自分の時間をもつことが可能になります。心身ともに健全な状態を維持することができるようになります。まさに、ワーク・ライフ・バランスに近づけることができるのです。

　ワーク・ライフ・バランスを達成するための毎日の退園の目標は、全ての子どもを保護者が迎え終わり、1日の保育が終わってから、10分以内に園を退勤することです。これは実現可能なことですし、コンピュータを導入している保育園では実際に行っています。

　では、そのようなライフスタイルを実現するためにはどうすればよいのでしょう。

　園長の役割から考える時、基本的には、A型とB型の小規模保育には、加配が1名分ありますので、その立ち位置に園長が入ればいいのですが、10名以下のC型となると完全にプレイングマネージャーとなってしまいます。

　小規模保育の園長も、場合によっては保育をしなければなりませんし、時間外には園を運営していくためのマネジメントもしなければなりません。すぐに思いつくものだけでも、園長のマネジメントの内容を列記すると、以下のようになります。

保育者のシフトの作成　保育計画の作成
保護者に送る「園だより」の作成　食事献立の作成
発注業務　給食に使う食材や不足している備品の購入
消防計画の立案　さまざまな園内行事の企画書作成
各種請求書の作成　各種領収証の整理
行政提出資料の作成　必要備品の把握
その他

これらの作業に日々追われているというのが園長の現実です。

　これらの作業にどれほどの時間が必要だと思いますか？

　おそらく、毎日の保育後に3時間かけてもこれらの作業を毎日処理することは難しいでしょう。しかも、このほかに園内での雑用もあります。

　たとえば、保護者と小規模保育の連絡手段となる「園だより」を作成するにも、①記事内容の考案、②執筆、③レイアウト、④印刷、⑤用紙を折る、⑥封筒に入れる、⑦各保護者に配布、と全部で少なくても7工程を経る必要があります。

　このような作業を、ほかの項目についても処理していかなければならないのです。一体、これらの作業にどれほどの労力と時間をつぎ込むことになるのでしょう。おそらく、新たに斬新な行事企画を考えようとする意欲以上に、目の前にある作業をいかにこなしていくかに体力を使うことになると思います。その結果、①体力の消耗、②心身の疲弊、③気力の減退、でも、④頑張ろうという気力の奮起、⑤気力の消失、⑥仕事への嫌悪感、⑦園経営への絶望感、⑧退職などということになってしまうのではないでしょうか。

　経験上、女性の園長ほど真面目にものごとにこだわりを持って取り組もうしようとしますし、「より頑張ろう」との気力を奮起する傾向にあります。いわゆる、ストレスが過剰になり、「バーンアウト（燃えつき症候群）」になってしまいかねません。ちなみに、バーンアウトとは、一生懸命に仕事をやってきた人が、気力も体力も尽きてしまい、何もできない状態になってしまう症状のことです。このような事態に陥ることは絶対に避けるべきです。

1 ITを活用する経営

　これらの煩雑な作業を時間短縮して、しかも正確に処理できるのがITの導入です。ITとは、Information technologyの略称で、コンピュータ関連の技術を応用して情報を処理することです。つまり、従来は手書きで行われていた作業を、コンピュータを活用することで効率化を図り、なおかつ複数の人間が同じ機能を共有することによって情報の共有化を可能にしたものです。保育業界

は、まだまだアナログな業界ですが、それでもいくつかの保育業務支援ソフトはあります。これらを活用することで、おそらく3時間かかっていた作業を、10〜30分に圧縮することが可能になります。

　たとえば、子どもの登園簿は、朝、来たときに保護者が自分の子どもの名前をタッチするだけで登園時間が記録され、夕方、帰るときに再びタッチすることで帰宅時間が記録されます。さらにタッチしたら保護者のメールアドレスに登降園のお知らせメールが配信されるので、父親,母親どちらが送り迎えをしても把握することができます。子どもの健康管理も業務支援ソフトが管理することで、その子どもの名前をタッチすると入園時から現在までの健康状態が一目瞭然となります。

　同様のことは保育者の管理にも活用できます。名前、性別、資格の有無、入社時期、シフト時間などを個人別に把握することが容易になります。

　このような作業を応用できるのは、保育者のシフト作成、園だより、研修報告、園内行事の企画書、消防計画、事故報告、販促物、議事録、各種請求書の作成、領収証の整理、子どもの登園簿、子どもの健康状況などで、じつにさまざまな事務処理に活用できます。

　システムを使わなくても、PCを使っての管理は可能ではありますが、やはりクラウドを利用しない手はないと思います。私も以前はPCのみの管理で行っていましたが、場所と時間に制限が発生してしまいます。一方、クラウドを活用すると、インターネット接続ができれば、いつでもどこでも必要な情報が手に入り、確認や編集も可能です。

　10年前までは、これだけの人がスマホやタブレットを持つ時代になるとは想像もできませんでしたが、今ではあたりまえです。そして、スマホやタブレットは、場所と時間に制限がないので、移動時間や隙間時間での活動範囲を広げて、生産性を飛躍的に上昇させてきました。

　人口減少が続くこれからの時代において、政府は子ども子育て関連三法や移民制度などといったさまざまな政策を考案していますが、今すぐに、だれにでもできる対策と準備は、1人ひとりの生産性を上げる努力と環境の整備です。これからはますます必須となっていくでしょうし、いち早く取り組んだ組織が

成果を出していくのではないかと予想しています。

　保育園によって仕組みも文化も制度も異なるので、全てにおいて100点の理想的なクラウド管理システムはありません。ということで、私の場合は自分で開発しました。

　それが、Child Care System（CCS：チャイルドケアシステム）です（http://www.c-c-s.jp）。

　チャイルドケアシステムでは、日々の保育業務をPCとタブレットを活用することで、その簡素化と確実性を担保することにしました。実際に行うのは簡単なことなのですが、一連して管理できるため、細かな時間を短縮できて、積もり積もって一気に時間を削減することができます。

　たとえば、毎日の「保育者の出退勤管理」と「園児の登降園管理」です。

　保育士は、毎朝、出勤するとタイムカードなどで、その記録を残します。登園してくる保護者と子どもたちの時間も登降園記録簿に手書きで記載します。それぞれ時間にして5〜10秒くらいでしょうから、たいした時間はかかっていないようにも思えます。

　しかし、これが10〜20人、園によっては100人となると、1,000秒（＝約16分）の時間が発生します。さらに、登降園はだいたい同じ時間に集中するので、記載漏れも考えられます。チャイルドケアシステムを導入してからは、保護者が登退園時にタブレットをタッチするだけですむようになり、データはクラウド上で確実に保存されます。

　また、ほとんどの保育園では、月末には印字された職員のタイムカードをExcelなどのデータに入力し直して給与計算をしていると思いますが、これには案外時間を使います。クラウド管理にしてからは、月末には全ての登降園記録と出退勤記録が一元化されて出力できるようになり、月末の業務時間を圧縮することができるようになりました。さらに、データ化された記録を用いて、翌月の保育に要する総時間数から、合計の人件費までを予測することができるようになります。

　こうした業務支援ソフトを活用することによって、園長が園経営のソフト面に多くの時間を割くことができるようになります。煩雑な事務処理から解放さ

れて、保育本来のあり方に精力をつぎ込むような状況を、コンピュータ時代は可能にしてくれました。

以下に、チャイルドケアシステムの活用例を掲げておきます。

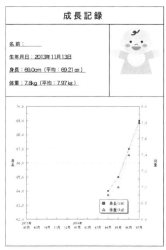

データを保存しておくことで、
子どもの成長記録もいつでも作成可能

登園時、退園時に自分の名前の画面にタッチするだけ

園児の登園記録、保育者のシフトも一元管理できる

第12章 開業時のトラブルと その解決法

今までの作業過程においてもさまざまなトラブルが生じ、それぞれに解決を図ってきたことと思います。とくに、物件契約、資金調達、工事、雇用、営業、広告、保育など、これまで説明してきたほとんどのプロセスにおいてトラブルが起こる可能性があります。1つの作業を具体化することで、不都合が生じ、トラブルは発生します。多くのトラブルはその場で解決してきたことでしょう。にもかかわらず今まで見過ごしてきてしまったトラブルが、開業直前の段階で明らかになってしまうものです。緊急解決を迫られたトラブルはその時点で処理してきましたが、その場では目をつぶって先伸ばしにしてきたトラブルもあるかもしれません。まったく見落としてきてしまったトラブルが新たに見つかることも考えられます。また、まったく別の観点からのクレームがつくこともあります。おそらく、トラブルは開業時前に生じるものが最も多いでしょう。たとえば、自治体（行政）や大家さんなどからのクレームです。起こってしまったトラブルをなかったことにはできません。起こってしまったトラブルは、事が生じたその場その時点で解決していくしかないのです。

　トラブルは、できる限り予防する意識は必要ですが、一方で、トラブルが生じて当たり前という心で構えもないと気持ちも持ちません。

　つまり、いくら注意していてもトラブルは、大なり小なり起こるもの。そして、トラブルの処理が遅くなれば遅くなるほど問題は大きくなるもの、と心構えることです。そして、生じたトラブルに対しては、ためらうことなく即座に解決を図り、問題を解消したうえで先に進むという姿勢でいるべきです。トラブルは、解決さえすれば、あとに問題は残らないからです。

　次に重要なことは、新たなトラブルが生じることを恐れることなく前に進むことです。

　過去のトラブルに対する反省は必要ですが、いつまでも過去を引きずっていても意味がありません。

開業を志したのであれば、開業に向けて先に進むしかないのです。

時間は未来をよくするために使うべきだと思います。

ここでは、よくあるトラブルの一例を挙げてみます。

1 工事関連のトラブル

　開業を間近に控えてよくあるトラブルに、工事が終わってでき上がった施設を見に行ったところ、思っていた仕上がり具合と違うということがあります。

　この場合、工事を請け負った業者が、単価を下げるために同じような材料の安い商品で代用した結果、でき上がりに満足できないものになったということもありますし、事前に、施主に詳細を確認せずに工事してしまったということもあります。このような現実を目の当たりにすると、一見、非はすべて業者側にあるように思われますが、根本的な原因は、最初の打ち合わせにあると考えるべきです。

　なにごとにおいてもそうですが、とくに工事に関する打ち合わせは、最初が肝心です。この最初の打ち合わせに多くの時間をかけて、自分の思いを設計者や工事会社に書面で伝えることが重要です。

　打ち合わせは、「落ち着いた雰囲気の空間にしたい」、「子どもの心が和やかになるような壁紙にしたい」、「間接照明を活かしたオシャレな室内にしたい」、「子どもが激しく動き回ってもけがをしないような材質を壁や床にしたい」、「清潔感のあるトイレにしたい」などという事業主の要望を、まずは設計者に伝えることからはじめます。設計者との打ち合わせには、まる1日かけてもいいのではないでしょうか。できるだけ詳細に要望を伝えるべく打ち合わせをするべきです。そして、でき上がってきた図面をチェックし、自分の要望がきちんと反映されているかを見、その図面を見ながら工事会社と、再び時間をかけて打ち合わせをします。

　工事会社との打ち合わせの時には、できるだけ具体的にこちらの要望を伝えるべきです。たとえば、トイレや電灯の機器、家電製品の種類などに関しては、メーカーと型番・品番にまでこだわって決めるべきですし、壁紙や床の材

質などに関しても具体的なイメージを伝えるべきです。もし、ほかにそのような施設があるのでしたら、写真などで伝えることもできます。ここにも、多くの時間をかけるべきです。

　この時に注意すべきことは、こちらの要望を一方的に伝えるだけではなく、自分の思いが相手に伝わっているかを確認するとともに、相手の考えも聞きながら打ち合わせを進めることです。金銭のためとはいえ、押しつけられただけの仕事はやっていても楽しくありません。やはり、一緒にこの仕事をやり遂げるのだ、という思いなしにはいい仕事には結びつかないのです。お互いの知恵を出し合って、共に最高の状態で仕事をするという気持ちが大切です。

　このように、最初の段階で施設に対する自分のイメージを具体的に伝えることによって、相手も真剣にこちらの要望に応えるべく作業に取り掛かってくれるものです。

　このような周到な打ち合わせにも関わらず、完成後に手直しが必要になることはあります。引き渡し時に不備が見つかったり、保育課からの要望で手直しの必要が生じたりした時などです。これらの修正工事費は、打ち合わせの時に予備費としてあらかじめ盛り込んでおきましょう。

　実際にあった保育課からの要望に、設計にしたがってトイレのドアを押し開きの扉で設置したところ、保育課から、「扉だと、開けた時に扉の前に子どもがいたら、ぶつかってケガをする恐れがある」という指摘を受けたことがあります。その時の対応策として、扉にガラス窓をつけて中から子どもの存在を確認できるようにするということが考えられました。しかしそれでは、中で用を足している人の姿が見えることになります。確かに、中から子どもがいるか否かの目視はできますが、中にいる保育者が見られていることになります。したがって、ガラス窓の設置はできません。いろいろ考えた結果、スライド式の扉に無理矢理に変更した事例もあります。これは、設計段階では思いつかなかった不備の一例ですし、本来ならば保育課と事業者双方が許認可申請時点の平面図で、十分に事前に把握できていたことでもあります。

　しかし、これらの指摘は、自治体によって、あるいは同じ自治体でも担当者

によって異なります。あらかじめさまざまな要望を想定して工事をしているのですが、想定外のことはあるものです。工事費には、必ず予備費を盛り込んでおきましょう。

2 大家さんや近隣住民とのトラブル

　工事をはじめる前に、まず大家さんに挨拶をしましょう。これは挨拶をすることと同時に、工事内容を報告することも兼ねています。

　大家さんによっては、壁に釘を打ち込むことを嫌がる人もいます。また、郵便ポストの設置ひとつとってみても、壁に穴をあけて固定することを拒む人がいます。たとえば、前居住者がポストを設置した穴がすでに空いていたとしても、ポストのサイズが異なると、新たな釘穴を空けることになります。すでに穴があるのだから、もう2か所ぐらい増えても構わないだろうなどとは安易に考えないことです。新しく空けた釘穴は許可していない、とのクレームがつくこともあるのです。このような大家さんは、建物を大切に使いたい人であり、建物にキズをつけたくないのです。事業主の立場としては、借りさせて頂くのですから、この思いは尊重するべきかと思います。

　これらの打ち合わせ事項は、弁護士に依頼するなどして書類を交わして第三者が見ても判断できる形にしておくことが望ましいでしょう。大家さんとしても、借主がコロコロ変わるより、長期的に契約を結んでくれる借主のほうが安心できるものです。あとでいざこざが生じることより、最初にきちんと打ち合わせしておいたほうが、お互いの気持ちをスッキリさせたうえで、長い付き合いができます。

　近隣住民への挨拶も欠かすことはできません。近隣に保育園ができることで、子どもの声などで騒がしくなるという、保育園の開設反対の声もあるでしょう。ここ数年、近隣住民の反対によって保育園の計画が断念されたというケースが新聞などでも報道されていますし、公募時や選定後に近隣への説明を義務付けている自治体も増えてきました。反対する意見に対しては、保育園の必要性と騒音対策などについて、丁寧に説明して理解してもらうしかありませ

ん。ただ、小規模保育のような既にあるビルテナントでの開設の場合には、立地や周辺環境的に反対意見は少ないように思います。

それでも工事に際しては、室内工事だからそれほど大きな騒音が外に漏れることはないだろう、などと思わないことです。問題は、工事会社の出入りや騒音で迷惑をかけるということだけではありません。「ここに小規模保育ができる」ということの近隣住民への周知にも繋がるからです。

事前に挨拶を済ませておくことで、工事がはじまり、人の出入りが激しくなり、多少の騒音が生じても、

「ああ、保育園の工事がはじまったのだな」

と思ってくれます。しかし、挨拶をしていないと、

「何がはじまったんだ！　うるさいな」

という非難のこもった思いになってしまいます。同じ工事でも、近隣の人への挨拶ひとつでその後の対応は大きく違ってきます。

小規模保育という近隣住民とのつながりの深い事業の性質上、工事をはじめるに当たっては、近隣住民との摩擦はできるだけ避けたいものです。開業してからいくら弁解しても、もう遅いのです。近隣住民と良好な関係を築くことは、開業前から心しておくべきことでしょう。

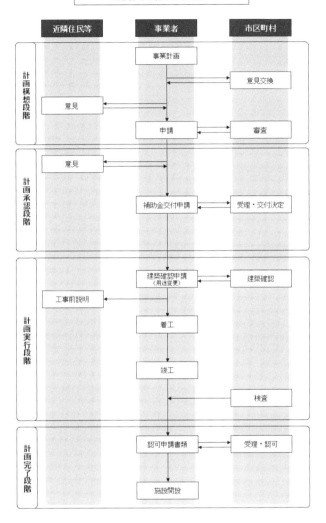

3 労務関連のトラブル

　すでに説明したように、保育の世界では給与関係でもめることはあまりありません。とはいえ、社員として使える権利はすべて行使してもらうべきです。有休、産休、育休、などはすべて当然のように使い切ってもらい、長く働ける環境を整備することが大前提です。さらに、業務に関する要望に関しては受け止めて、どうして欲しいかを謙虚に聞き、意見を交わすべきです。
　これらのことは、スタッフに長期間、気持ちよく働いてもらうためにはもっとも必要なことです。

　保育の世界にあっては、気持ちよく働ける場、ということが非常に大切です。
　少し話は逸れますが、近年、ブラック企業という言葉が取りざたされています。その一方で、私は「ブラック社員」も存在すると思っています。
　私の場合、経営者として一番恐れていることは、ブラック社員そのものではありません。ブラック社員が存在することによって、他の優れた社員が辞めていってしまうことがあるのです。こういった社員は、しがみついてでも自分の欲求を満たそうとします。そして、もめ事を大きくします。問題を大きくすることで、自分という存在価値を認めさせようともします。しかし、優れた社員の場合には、ある保育園を辞めても、気持ちよく保育ができる、次に行くところはいくらでもあります。今いる保育園にこだわる必要はありません。気持ちよく働ける場があれば、いつ辞めて、納得のできる仕事場に移ってもいいのです。だからこそ、保育園の人的環境を、それぞれの社員が気持ちよく過ごせるように整えることが最優先されるべきなのです。
　そのためにも、ブラック社員を採用しない、ブラック社員を育てない、ことです。
　ブラック社員を採用しないためには、面接をきちんとすることです。その際の面接でもっとも重要視すべきは実習面接でしょう。一緒に同じ仕事をすることを通して人間性を見ることができるからです。そして、採用が決まったとこ

ろで、入社前に規則をきちんと説明し、正しく理解してもらうことです。ちなみに、社内規則は、自分で作成することもできますが、社会保険労務士に依頼して作成してもらうこともできます。費用としては、10〜20万円ぐらいでしょう。優れた社員を獲得するためには、ここまでの段階をきちんと踏んでおくことが重要だと思います。

4 金銭上のトラブル

　ここで問題にする金銭とは、入園料や保育料、一時保育料、補助金の申請などのことです。基本的に、保育者が現金を扱うようなことは避けるべきでしょう。もちろん、保育者を信用するなということではありません。保育者の仕事量を必要以上に増やすことは避けるということです。

　保育者が保護者と接する機会は、ほとんどが送り迎えの時になります。その慌ただしい時間に、保育料の受け渡しまでしていると、ミスの原因ともなりかねません。事故の要因に結びつくような要素はできるだけ排除すべきだと思うのです。

　保育料などは保育者を介さない、銀行振り込みを活用しましょう。

①入園料、保育料は、すべて銀行振込か口座引き落としにする。
②仮に現金の手渡しをするとしても、それは現金受領証などを管理する経理部門ができてからにする。

　認可保育所の場合は、保護者は自治体に申込を行い、世帯によって決まる保育料については自治体に払います。認可保育所はで延長保育料など一部の料金を除いて、基本となる保育料については自治体から支給されることとなります。

　一方、小規模保育の場合は、保護者が自治体に申込を行い利用する保育園を自治体が決めるのは認可保育園と同じですが、自治体から園児を紹介された後は、園と保護者との直接契約になります。保護者の保育料が世帯によって決ま

るのも認可保育園と同じですが、その請求と授受は、園が直接保護者に対して行います。自治体からは定められた保育単価から保護者負担の保育料を引いた額が支給されます。ちなみに、自治体から紹介された園児は原則的に園が断ることはできません（応諾義務）。

　そのため、入園前に保育内容のみならず保育料についての説明をしっかり行い、誤解が生じないようにすることや、保育料の受領に関して問題が起きないようにすることが必要となってきます。

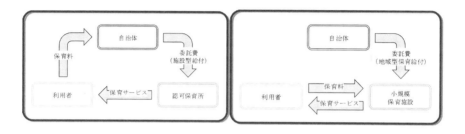

5 備品上のトラブル

　備品におけるトラブルとしては、主に家電製品がその対象となります。そして、問題は、家電が故障した時に、保証書が保管されており、すぐに出てくるかです。保証書は必ず期限が切れるまでは、定められた場所に保管しておきましょう。

　最近の家電は、3年保証、5年保証とその期限が伸びていますが、逆に、保証期限が切れてしまった家電は、買い替えたほうが安くつくこともあります。故障の際には、その点も含めて検討しましょう。

第13章 開業後のチェックポイント

開業後にチェックすべき点は、主に自治体との関わりが大きくなります。自治体で定められた事業要項に該当しているか否かがもっとも気を付けるべきポイントとなります。事業要項の注意点は、ほとんど全てが書類なので書類の書き漏れや紛失をなくすことで、対応できるでしょう。

　事業要項も大切ですが、ここで取り上げるべき注意点は、日々の運営の中で行うべきことがきちんとできているか否かをチェックすることです。当たり前のことばかりで、難しいことなどなに1つありません。だからこそ、きちんとできているか否かが大事です。

　たとえば、電話応対、挨拶、笑顔、コミュニケーションの取り方などですが、これらの当たり前のことを当たり前に実行することが案外難しいのです。

　なぜかというと、当たり前だからです。

　さらにいうなら、当たり前のことだから、だれも指摘しませんし、基準も曖昧です。多少本人の当たり前から外れていたとしても、だれも指摘しません。そのうちに、自分自身での気付きの機会が減っていきます。

　たとえば、いつも笑顔でいることを心がけ、その努力をしている人がいたとします。しかし、周りの人は、笑顔が素敵な人に向かって、心では評価していても「笑顔が素敵ですね」と口に出して褒めるようなことは現実社会ではあまりありません。あったとしても、1回くらいではないでしょうか。改めて評価されないのは、できて当たり前のことだからです。

　しかし、笑顔がなく、無表情な人がいたとしたら、「感じが悪い」と評価されます。ただし、ここでも注意はされません。ここでの理由も、笑顔や挨拶はできて当たり前だからです。

　他人は、当たり前のことを評価はしますが、注意はしません。しかも、どちらの場合にも、言葉にして口に出すことはないのです。

　しかし、この当たり前のことは、できなかった時点で評価を落とします。

当たり前のことをチェックすることはとても大切なことです。トラブルと同じ程度の問題だと認識すべきです。そして、その認識ができたら、当たり前のことについてもすぐに改善しなくてはなりません。

それでは、個々の事例に沿って説明していきます。

1 電話応対

入園申込みなど、保護者との最初の応対は、ほとんどの場合が電話での問い合わせでしょう。したがって、電話でのファースト・コンタクトが、保育園の印象をよくするか悪くするかの大きな分かれ目になります。それほどに電話での応対は大事なことです。

● 入園までの流れ

| 電話 | ⇒ | 見学 | ⇒ | 自治体へ申込 | ⇒ | 自治体判定会議 | ⇒ | 面談 | ⇒ | 入園 |

電話を受け取った時には、まず、
「はい、お電話ありがとうございます。○×保育園の△△です。」
というように、まずは保育園の名前と自分の名前を言います。当たり前のことですが、この当たり前のことができるかどうかで印象は変わります。その時、電話の近くにはメモ用紙を置いておいて、名前や用件を書き留めることも大切です。つねに心身を動かしている保育園では、その時には、覚えておけると思っていても、時間が経ってしまうことでつい忘れてしまうことがありがちだからです。

保育園に電話をかけたあとで、実際に保育園を見学したという保護者の多くが「電話の応対がよかったから」と言っています。10本の電話を受けて、10人の人が見学に来てくれることが理想ですが、なかなかそうはいきません。実際には、10人からの電話を受けても、もし電話応対がよくなければ見学に来てくれる人は2、3人というのが現実です。さらに、面談にまで結びつけられ

る人は0〜1人程度と考えるべきでしょう。しかし、電話の応対での好印象が見学と入園にまで結びつくことは意外にも多いのです。

電話での応対は、やさしい声で、丁寧にゆっくり話すことも、相手の印象をよくすることに繋がります。息せき切って電話までたどり着き、慌ただしく電話で話をするのでは、相手の印象は決してよくならないでしょう。そのような時には、まず一呼吸置き、深呼吸でもしてから話しはじめましょう。電話の応対を社内で訓練することも大切です。

2 見学の時間帯

保育園に子どもを預けたいと思う保護者が、電話で保育園の様子をうかがって、次に起こす行動は保育園の見学です。実際に、自分の目で保育園の立地状態や施設全体の雰囲気、備品の充実度、子どもたちの様子、保育者の顔ぶれなどを見て知りたいからです。

ここで注意すべきことは、立地条件や施設、備品などは、どの時間に見学されても違いはありません。見学時間によって大きく異なるのは、まずは子どもの表情であり、保育者の活動状況です。そして、子どもがもっとも充実している時間帯は、16時から17時です。

時間	8時	10時	12時	13時	15時	16時	17時	18時
	登園	散歩	昼食	昼寝	おやつ	満足している		帰宅

それは、朝の8時、9時に登園した子どもたちが、午前中の散歩、昼食、昼寝時間を経て、15時ごろにおやつを食べ、あとは自由に遊びながら帰りを待つだけの、もっとも満足している時間帯にあたるからです。また、保育者にとっても、ほぼ1日の全工程を終えて、子どもの帰宅時間を控え、他の時間帯と比べても比較的落ち着いた時間帯です。すなわち、子どもにとっても、保育者にとっても、1日中でもっとも満たされている時間帯が、16時から17時の間ということができます。

そして、せっかく保護者に保育園を見学してもらうのであれば、子どもも保育者もが揃って、充実した表情をして活動している時間帯に来てもらったほうが印象はいいはずです。その結果、保育園への好印象を持って、入園への思いを固めてくれる保護者も増えることでしょう。

逆にいえば、この時間帯以外は忙しくて面談や見学に十分な時間は割けないこともあります。

3 面談でのポイント

保育園の見学をし、入園への思いを固めた保護者が次に臨むのが、園長など園の責任者との面談です。そして、このときの園側の責任者の姿勢には気をつけなければならないポイントがあります。

そのポイントとは、入園して欲しいが故に、自分の保育園のいいことばかりを言い連ねないことです。面談とは、園側の主張を一方的にする場ではありません。子育て支援の立場から、より考え方の共通した保護者と子どもに利用してもらうということです。保護者が保育園を選択していると同時に、保育園側でも保護者を選択しているのだということを肝に銘じてください。

では、面談では何をポイントにすればいいのでしょうか？

そのポイントは3つです。

①保護者が知りたがっていることを正確に聞きとること

⇒多くの保護者には、入園を決意するに際して、多くの不安を抱え、多くの知りたいことがあるはずです。その不安や知りたいことを正確に理解し、それに応えることが面談での大切なポイントだということです。そして、保護者の不安を取り除き、知りたいことに応えることです。したがって、保護者の話に耳を傾けることが中心であるべきでしょう。話をする比率は、保護者8に対して園側2、程度ではないでしょうか。

②保護者の思いに共感すること

⇒ほとんどの保護者は「仕事と子育てを両立できるか」、「初めての保育園の利用でわからないことが多い」などという同じような不安や思いを

持って子どもの保育園を探し求めています。しかし、それぞれの人にとっては、その人に固有の思いです。「皆さん同じですよ」などと冷たいことは決して言わないことです。あくまでも、その人固有の思いであるという態度で接することです。

「そうですね」、「わかります」、「そういえば、昨日いらした方も同じようなことを仰っていました」などという言葉で、相手が言っていることに共感する姿勢がお互いのコミュニケーションを図るうえで大切です。

③保育園の方針を保護者に伝えること

⇒多くの保護者には保育に対する具体的な理念はありません。しかし、ちゃんとした子育てをしたいという強い思いはあります。そこで潜在的にある保護者の思いを聞き出すことからはじめます。たとえば、「どんな大人になって欲しいのか?」、「どんな保育園を探しているのか?」ということを質問することです。質問を通じて保護者の考えを知ります。そして、質問に対する答えから、保育園の方針を保護者に伝えます。その結果、保育園の「保育理念」と合わない場合には、ほかの保育園を検討していただいたほうがいい場合もあります。たとえば、「英語教育に力を入れたい」、「毎日、裸足で遊ぶ保育」、「体操に特化した保育」などといった願望を持った保護者がいても、その要望に応えられるかどうかは園によります。妥協して入園してもらったけれど、入園後にトラブルが生じたということもあります。

これら3つのポイントを同時に探りながら、保護者の不安を解消し、保育の考え方を整理していくのが面談です。面談した保護者の子ども全員を入園させるのが面談だ、という考えには陥らないでください。よりよい保育園運営のためにも、保護者とのよりよい面談を経て、子どもの状況をよく理解した上での入園が望ましいといえます。

4 入園後2週間は慣らし期間

保護者はこの保育園への入園を望んでくれましたが、入園した子どもにとっ

ては入園後が自分にとって不安のない場所か否かを見極める期間です。その意味でも慣らし保育は大切です。一般的には、比較的短期間で子どもは環境に慣れてくれますが、なかにはずーっと慣れない子どももいます。

　入園して、最初の2週間は慣らし保育として、子どもが保育園での生活を送れるかどうかを見届けるようにしましょう。

　また、迎えに来た親がよく、「よく頑張ったね」と言って子どもを抱き上げたりしますが、これは、その親にとっての「保育園は我慢するところ」という気持ちの現われでもあります。子どもがではなく、親が保育園に不安を抱いているということです。このような場合にも、親の不安を解消してもらうような努力をするべきでしょう。

　このほかにも、開業後に行うべきチェックポイントは、私のところでは230ほどあります。月に1回、定期的に行うべきチェックポイントに関しては、以下の資料をご参照ください。

環境	①施設周辺・エントランス		項目数 17 指摘数 0	
該当	No.	監査項目／指摘内容	是正報告（監査観点）	是正日
	1	園近隣の清掃状況（ゴミ・落ち葉）	目視確認及び清掃頻度をヒアリング	
	2	看板・扉・建物壁面等の清掃状況	職員が清掃可能な範囲で判断	
	3	全体の清掃状況	カウンター付近や靴箱内など埃や汚れなどがないか	
	4	全体の整理状況・景観美	書類や掲示等が乱雑になっていないか、壁やガラス面に直貼りされていないか	
	5	体温計の設置・管理状況	カウンター上に直置きされていないか、使用毎に消毒されているか	
	6	リーフレットの設置（10部常設）	ホルダー等に入れてカウンター上に設置されているか	
	7	重要事項説明書の掲示	保護者が常に閲覧できる場所に設置してあるか	
	8	児童福祉施設設置許可証の掲示	額入れ掲示	
	9	経営理念の掲示（指定様式）	経営理念	
	10	保育理念・保育目標の掲示（指定様式）	額入れ掲示	
	11	苦情解決の掲示（指定様式）	苦情解決窓口に関する掲示があるか	
	12	園だよりの掲示（最新版）	当月の園だよりの掲示があるか	
	13	献立表の掲示（最新版）	当月の離乳食・幼児食メニューの掲示があるか	
	14	施設一覧の掲示（指定様式）	医療機関等の施設一覧掲示があるか	
	15	職員紹介の掲示	前月初日状況での職員紹介の掲示があるか	
	16	避難経路図・お散歩マップの掲示	避難経路図、散歩マップの掲示があるか	
	17	その他各自治体の求められた掲示		

環境	②事務室・更衣室・医務室		項目数	12	指摘数	0
指摘	No.	監査項目 指摘内容	是正報告(監査観点)			是正日
	18	事務室内の清掃状況	窓部分・床部分・棚等の清掃ができているか			
	19	事務室内の整理状況	書類や物品等の整理ができているか			
	20	医務スペースの状態	物などが置かれず、すぐに使用できる状態か			
	21	鍵の管理(キーボックス)	鍵は施錠できる場所に保管されているか、鍵の持出・返却状況が明確に判別できるよう管理されているか			
	22	小口現金の管理	金庫は施錠された場所に保管されているか、金種表やダブルチェック等の体制をとっているか			
	23	個人情報の管理(施設長管理書類を含む)	施設長管理のファイルは別途施錠保管されているか、その他個人情報に類する書類は施錠できる場所に保管されているか			
	24	予定WS(シフト)の掲示	当月分(又は週分)のWS(シフト等)を事務所内に掲示しているか			
	25	消防担当表の掲示(指定様式)	事務所内に掲示しているか			
	26	社内で規定された掲示物	衛生推進者、内部通報窓口、会社通達など			
	27	カメラ映像視聴用iPadの設置	ホワイトボード等に設置されているか			
	28	電話受付表の整備	見学や出欠席の連絡簿を整備しているか(もしくは伝達・記録不備のないような仕組みになっているか)			
	29	更衣室内の清掃・整理状況	全体の清掃・整理ができているか			

環境	③子どもトイレ		項目数	9	指摘数	0
指摘	No.	監査項目 指摘内容(監査観点)	是正報告(監査観点)			是正日
	30	トイレ内の清掃状況	床部分・壁面・便器・洗面台部分・排気口等の清掃ができているか			
	31	トイレ内の衛生環境	臭いや不衛生な環境(雑巾の壁掛けなど)ではないか			
	32	清掃用具の整理・収納	薬品は施錠された場所に収納されているか、清掃用具は整理された状態で収納されているか			
	33	ペーパータオルの設置(予備を含む)	補充されているか、予備も用意されているか			

指摘	No.	監査項目 / 指摘内容（監査観点）	是正報告（監査観点）	是正日
	34	トイレットペーパーの設置（予備を含む）	補充されているか、予備も用意されているか	
	35	ハンドソープの設置（補充状況を含む）	十分に補充がされているか	
	36	消臭剤の設置（設置場所を含む）	子どもの手の届かない場所に設置しているか	
	37	オムツ用ゴミ箱の設置	フタ付きのゴミ箱に廃棄されているか	
	38	嘔吐物処理セットの常備（各トイレ）	手袋・マスク・エプロン・雑巾・ビニール袋・ペーパータオルなどピューラックスの作り置きを14日毎に要交換	

環境　④大人トイレ　項目数 5　指摘数 0

指摘	No.	監査項目 / 指摘内容（監査観点）	是正報告（監査観点）	是正日
	39	トイレ内の清掃状況	床部分・壁面・便器・洗面台部分・排気口等の清掃ができているか	
	40	トイレ内の衛生環境	臭いや不衛生な環境（雑巾の壁掛けなど）ではないか	
	41	ペーパータオルの設置（予備を含む）	補充されているか、予備も用意されているか	
	42	トイレットペーパーの設置（予備を含む）	補充されているか、予備も用意されているか	
	43	ハンドソープの設置（補充状況を含む）	十分に補充がされているか	

環境　⑤保育室　項目数 16　指摘数 0

指摘	No.	監査項目 / 指摘内容（監査観点）	是正報告（監査観点）	是正日
	44	窓部分の清掃状況	窓ガラス・サッシ部分等の汚れや埃はないか（定期的な清掃が行われているか）	
	45	洗面台部分の清掃状況	洗面台・蛇口・鏡部分等の汚れはないか	
	46	天井部分の清掃状況	シーリングファン・エアコンフィルター等の埃はないか（定期的な清掃が行われているか）	
	47	壁紙等の状態	汚れや壁紙の剥がれはないか（目立つもの3か所以上）	
	48	床面の清掃状況	汚れや床材の凹み・浮き上がりなどないか	
	49	壁面装飾等の状態	ガラスや壁面に直貼り（テープや画鋲等）していないか、誕生日表等は剥がれなどがないか	

指摘	No.	監査項目 指摘内容（監査観点）	是正報告（監査観点）	是正日
	50	収納や本棚など設置物の追加	追加にあたって用途変更等（有効面積の変更）は行ったか、もしくはその必要性を自治体に確認したか	
	51	事故防止の対策	コンセントカバーや鋭利部分へのカバー設置、可動式収納やピアノ等の転倒防止策や棚上の転落防止策はされているか	
	52	玩具の状態	破損など怪我の恐れのあるもの、誤飲の恐れのあるもの、状態が著しく悪いものなどはないか、適切に消毒が行われているか（マニュアル参照）	
	53	玩具の充足状況	年齢別の玩具の数量や内容は適切か	
	54	絵本の状態	絵本の破れや汚れ等が放置されていないか （定期的な確認・修理が行われているか）	
	55	絵本の充足状況	年齢別の絵本の数量や内容は適切か	
	56	保育室内の整理状況	カウンター上に不要な物がないか、落下時に誤飲の恐れがあるものがないか、高い場所に重量物がないか、全体的に整理・整頓がなされているか	
	57	収納戸棚内の整理状況	玩具や教材、その他の保育用品が整理された状態で収納されているか	
	58	ベビーセンスの設置	ベビーベッドを利用する乳児がいる場合、ベビーセンスが設置・使用されているか（いない場合も設置のみ行う）	
	59	温度・湿度の管理状況	季節に応じた適切な室内の温度湿度を把握できているか （夏期 26〜28℃・冬期 20〜23℃、湿度約 60％）	

環境　⑥調乳室・木浴室　　項目数 4　指摘数 0

指摘	No.	監査項目 指摘内容（監査観点）	是正報告（監査観点）	是正日
	60	沐浴スペースの状態	すぐに使用できる状態か、不衛生な状態になっていないか	
	61	調乳室の清掃状況	流し台・保管棚・ポッドは汚れていないか （毎日アルコール消毒等が行われているか）	
	62	洗浄用品の状態	スポンジや哺乳瓶用ブラシ等は衛生的か （物の状態や保管方法が適切か）	
	63	哺乳瓶の保管状況	フタや扉付きの場所、収納ケース等に保管されているか	

環境　⑦調理室　　項目数 13　指摘数 0

指摘	No.	監査項目 指摘内容（監査観点）	是正報告（監査観点）	是正日
	64	食品衛生責任者の掲示（指定様式）	調理室内に食品衛生責任者（栄養士・調理師資格者）の氏名を掲示しているか	
	65	調理室の清掃・消毒状況	作業台・流し台・コンロ・床・壁等に汚れや拭き漏れ等はないか、消毒方法は適切に行われているか	

	No.	監査項目	指摘内容（監査観点）	
	66	手洗い場の状態	ハンドソープ・ハンドタオル・消毒液は充足しているか、爪ブラシが個人用で常備され消毒されているか	
	67	冷蔵・冷凍庫内の清掃状況	汚れがゴミなどがないか（定期的に清掃がされているか）	
	68	保管棚の清掃状況	汚れや埃等はないか	
	69	調理機器の状態	電子レンジ・フードプロセッサー・炊飯器等は汚れていないか、また劣化等はないか	
	70	調理器具の状態	フライパン・鍋・まな板・包丁等に汚れ、劣化、刃こぼれなどはないか	
	71	食器類の状態	汚れやチップとうはないか、数量は充足しているか	
	72	冷蔵庫内の食材配置	食材毎（肉・魚・野菜・果物・加工など）に区分けして配置されているか	
	73	調味料等の保管方法	賞味・消費期限等の切れたものはないか、開封済みのものは開封した日付が記入されているか、開封口がしっかりと閉じられているか	
	74	保存食用冷凍庫の温度（温度計の設置）	－20℃以下になっているか、また温度管理が出来るよう温度計が設置されているか	
	75	保存食の管理	保存食が50gずつ14日以上保存されているか	
	76	調理室内の温度・湿度管理	調理室内に温度・湿度計が設置されているか、温度は℃以下、湿度は％以下になっているか	

環境	⑧施設全体		項目数	6	指摘数	0
指摘	No.	監査項目 指摘内容（監査観点）	是正報告（監査観点）			是正日
	77	避難口（2方向出入口）の確保	物品放置等により塞がれていないか			
	78	避難経路（廊下・階段等）の確保	避難経路上への物品放置等により避難の障害となっていないか			
	79	照明の状態	照度は適切か、不具合箇所や電球切れはないか			
	80	防災用品の整備	災害時用の防災用品が整備されているか、他の使途に使っていないか			
	81	食料の備蓄	災害時用の食料の備蓄が行われているか、また消費期限等を把握し適切に管理されているか			
	82	カーテン・絨毯等の防炎機能	施設に設置しているカーテンや絨毯等のファブリック製品は防炎機能を有しているか			

環境	⑧園庭		項目数	5	指摘数	0
指摘	No.	監査項目 指摘内容（監査観点）	是正報告（監査観点）			是正日
	83	固定遊具の定期自主点検	固定遊具の自主点検を月1回以上行っているか。			
	84	固定遊具の状態	ひどい汚れや錆、塗装の剥がれ危険個所はないか			
	85	砂場の管理	閉園時に砂場全体をカバー等で覆っているか、開園時はカバーを外しているか、砂場の砂を定期的に掘り返しているか、必要に応じて消毒液を散布しているか			
	86	園庭全体の安全対策	ブロック塀などの鋭利箇所にカバーを設置しているか、ブランコ周辺に柵等を設けているかなど			
	87	園庭の状態	凹みや穴、亀裂等はないか、ゴミが落ちていないか、落ち葉が大量に溜まっていないか			

書類	⑨認可・運営関係		項目数	22	指摘数	0
指摘	No.	監査項目 指摘内容（監査観点）	是正報告（監査観点）			是正日
	88	児童福祉施設設置認可証	複写を保管			
	89	賃貸借契約書	賃貸の場合			
	90	施設平面図	用途変更などがあれば変更後の内容になっているか			
	91	給食開始届	対象となる施設、自治体より求められている施設のみ			
	92	嘱託医契約書（内科・歯科）	内科医・歯科医それぞれ契約書が保管されているか			
	93	運営委員・第三者委員の就任承諾書	運営委員・苦情解決の第三者委員それぞれの就任承諾書があるか			
	94	ゴミ委託契約書	反社条項の含まれた契約内容か			
	95	賠償責任保険証	年度更新で最新の内容になっているか			
	96	腸内細菌検査結果	自治体によって定められた期間毎の検査結果が保管されているか			
	97	保育所保育指針	最新の内容か			
	98	保育所保育指針解説	最新の内容か			

No.	監査項目 / 指摘内容（監査観点）	是正報告（監査観点）	是正日
99	運営規定	職員の定数や保育室の有効面積など現状と一致しているか	
100	就業規則（保育部社員・パート社員）	最新の内容で表紙に労基受領印があるか	
101	給与規定	最新の内容で表紙に労基受領印があるか	
102	育児・介護休業規定	最新の内容で表紙に労基受領印があるか	
103	その他の規定	コンプライアンス規定、ハラスメント防止等に関する規定、安全衛生管理規定、苦情対応規定、運営委員会会則は保管されているか	
104	労務関係書類	36協定（労基署受理印、年度更新されているか）、24協定（締結されているか）、変形労働時間制	
105	事業計画書・事業報告書	前年度の事業報告書、当該年度の事業計画書が作成されているか	
106	施設内Mtg議事録	定期的に施設内Mtgが実施され、記録が残されているか、内容に保育・給食・安全管理・防災に関する内容が含まれているか	
107	各種行事の企画書・報告書	行事の中で予算の発生する場合や園外で行う場合、または外部の来訪者がある場合などにおいて、その企画書・報告書が作成・提出されているか	
108	研修計画・研修参加記録	法人実施の研修計画及び研修の参加記録状況が一覧表形式で作成されているか	
109	各種研修の報告書	保育部研修や自治体等の外部研修に参加した際に、必ず報告書が提出されているか	

書類	⑩人事・労務管理	項目数 11	指摘数 0

指摘	No.	監査項目 / 指摘内容（監査観点）	是正報告（監査観点）	是正日
	110	遅刻・早退・欠勤・休暇届の提出状況	遅刻・欠勤の際は、必ず届け出がされているか	
	111	雇用契約書（正社員・パート社員）	会社印・職員印が押印されているか、パート社員は裏面にて雇用期間の更新が必要に応じて行われているか	
	112	入社連絡票	全職員分保管されているか	
	113	履歴書（職務経歴書）	全職員分保管されているか	
	114	資格証	全職員分保管されているか、保管がないものはその理由が明確かつ適当か	
	115	入社誓約書	全職員分保管されているか	
	116	身元保証書	全職員分保管されているか	

No.	監査項目	是正報告(監査観点)	是正日
117	入社前健康診断書	全職員分保管されているか、保管がないものはその理由が明確かつ適当か	
118	定期健康診断書	全職員分保管されているか、保管がないものはその理由が明確かつ適当か	
119	人事通達	異動があった場合、配属先の変更に関する辞令が発行・保管されているか	
120	月末書類一式	提出分が全て保管されているか	

書類 ⑪園児・入園関係　　項目数 12　指摘数 0

指摘	No.	監査項目／指摘内容(監査観点)	是正報告(監査観点)	是正日
	121	保育利用時間等調査票	一部は保護者に返却されているか、会社押印があるか	
	122	重要事項説明書の同意書	全世帯分が保管されているか	
	123	児童票	全児童分が保管されているか	
	124	離乳食個人票	対象児童分が保管されているか	
	125	保険証のコピー	全児童分が保管されているか	
	126	母子手帳のコピー	全児童分が保管されているか	
	127	健康診断書(入園・定期)	全児童分が保管されているか	
	128	銀行口座引落書類(園控分)	対象児童分が保管されているか	
	129	年間成長発達記録	年度毎に保管されているか	
	130	退園届	退園児には指定様式の退園届を受領しているか	
	131	入園書類一式(予備)	途中入園時に応対できるよう入園書類のセットを5部以上保管されているか	
	132	リーフレット(予備)	見学者に応対・配布できるようリーフレットを最低10部以上保管されているか	

書類	⑫保育関係		項目数 17	指摘数 0
指摘	No.	監査項目 指摘内容（監査観点）	是正報告（監査観点）	是正日
	133	保育課程（全体）	作成され保育従事の全職員及び施設長の押印があるか	
	134	年齢別長期指導計画（保育課程・年齢別）	作成され保育従事の全職員及び施設長の押印があるか	
	135	年間行事計画	作成され全職員の押印があるか	
	136	保健計画	作成され全職員の押印があるか	
	137	食育計画	作成され全職員の押印があるか	
	138	交通安全計画	作成され保育従事の全職員及び施設長の押印があるか	
	139	月案	作成されクラス担当の全職員及び施設長の押印があるか、記載漏れがないか、訂正場所は訂正印があるか	
	140	週案	作成されクラス担当の全職員及び施設長の押印があるか、記載漏れがないか、訂正場所は訂正印があるか	
	141	保育日誌	必要な押印があるか、記載漏れがないか、訂正場所は訂正印があるか	
	142	睡眠確認表	必要な押印があるか、記載漏れがないか、訂正場所は訂正印があるか	
	143	延長保育日誌	必要な押印があるか、記載漏れがないか、訂正場所は訂正印があるか	
	144	プール日誌	必要な押印があるか、記載漏れがないか、訂正場所は訂正印があるか	
	145	保育所児童保育要録	原本が保管されているか、複写を進学先小学校へ送付しているか	
	146	個人記録（保育経過記録）	年齢毎に定められた期間毎に作成されているか	
	147	園だより	毎月作成・送付されているか、内容は適切か	
	148	AIAIレポート（成長の記録）	前期・後期毎に作成され、通年分の複写が保管されているか	
	149	保護者アンケート	保護者参加の行事毎にアンケートが実施され、保管されているか	

書類	⑬消防・安全管理		項目数 16 指摘数 0	
指摘	No.	監査項目 指摘内容(監査観点)	是正報告(監査観点)	是正日
	150	防火対象物使用開始届	保管されているか	
	151	消防署立ち入り検査結果通知書	検査の実施があった場合に保管されているか	
	152	防火管理者選任届(変更届)	内容が現状と一致しているか	
	153	消防計画作成届(変更届)	内容が現状と一致しているか	
	154	消防計画	内容が現状と一致しているか	
	155	消防設備点検結果(機器点検・総合点検)	機器点検は6か月に1回、総合点検は1年に1回実施必要との認識はあるか、管理権限者の場合、点検結果の保管はされているか	
	156	自衛消防訓練実施届出書	総合訓練を行う際に管轄消防署へ実施届出書が提出されているか	
	157	自衛消防訓練実施報告書	毎月の訓練の報告書が作成・保管されているか	
	158	自主日次点検表(毎日)	消防計画に則った毎日の自主点検を行っているか	
	159	自主定期点検表(定期)	年に2回自主点検を行っているか	
	160	事故報告書	事故発生の際に報告書を作成・保管しているか	
	161	ヒヤリハット報告書	ヒヤリハット発生の際に報告書を作成・保管しているか	
	162	クレーム報告書	クレームを受報した際に報告書を作成・保管しているか・また、必要に応じて苦情解決制度に則った事後処理をしているか	
	163	児童虐待通告報告書(CCS内)	児童虐待を関係機関に通告した際に報告書を作成し、CCS内キャビネットに保管しているか、紙で保管していないか	
	164	保育施設のための防災ハンドブック	左記ハンドブックを格納しているか	
	165	地域のハザードマップ(防災マップ)	自治体よりマップを入手し、確認・格納しているか	

書類	⑭保健関係		項目数 7	指摘数 0
指摘	No.	監査項目 指摘内容（監査観点）	是正報告（監査観点）	是正日
	166	与薬依頼書（薬の説明書）	一時服用薬の与薬の際に依頼書及び薬の説明書を受領しているか、受領・与薬・施設長印は押されているか	
	167	与薬指示書（薬の説明書）	頓服薬・慢性疾患に伴う定期服用の与薬の際に依頼書及び薬の説明書を受領しているか、受領・与薬・施設長印は押されているか	
	168	登園許可証明書（登園届）	感染症の罹患後には自治体の定める基準にしたがって書面を受領しているか	
	169	アレルギー診断書	アレルギー対応をする際に書類を受領しているか	
	170	アレルギー家庭対応調査票	アレルギー対応をする際に書類を受領しているか	
	171	アレルギー対応申出書	アレルギー対応をする際に書類を受領しているか	
	172	アレルギー解除届	アレルギー対応を解除する際に書類を受領しているか	

書類	⑮給食関係		項目数 9	指摘数 0
指摘	No.	監査項目 指摘内容（監査観点）	是正報告（監査観点）	是正日
	173	給食日誌（日常点検表）	記載・押印・提出漏れがないか、特記事項への記載事項は適切か（残菜の量など）	
	174	調理・調乳従事者健康衛生確認表	記載・押印・格納漏れがないか	
	175	調理室清掃確認表	記載・押印・格納漏れがないか	
	176	そ族衛生害虫駆除記録	外注発生の有無に関わらず年に2回以上行われ記録されているか	
	177	栄養管理報告書	特定給食施設（都内認可園は全施設）となっている場合のみ	
	178	献立表（配布用）	格納漏れがないか	
	179	予定献立表・実施献立表（調理工程表）	格納漏れがないか	
	180	食材の注文書・伝表	格納漏れがないか	
	181	給食会議議事録	給食会議を実施し議事録を作成・保管しているか、または施設内Mtgの一部として給食に関する議題を掲題し実施しているか	

運営 ⑯労務・管理・組織・教育　項目数 14　指摘数 0

指摘	No.	監査項目 / 指摘内容（監査観点）	是正報告（監査観点）	是正日
	182	職員の就労状況の把握	職員の月の残業時間や公休・有休の取得状況等を把握しているか	
	183	職員面談（自己評価）の実施	定期的（最低3か月に1回）に職員面談を実施、職員の目標設定・自己評価を把握できているか、職員と施設長間の認識に相違がないか	
	184	月次PLの把握	前月PLの人件費率・利益率・利益額（誤差5%又は10万円以内）及びその適正基準が把握できているか、また現状課題を正しく認識しているか	
	185	経営目的の把握	全職員（入社1か月以上の正社員）が把握しているか	
	186	保育理念の把握	全職員（入社1か月以上の正社員）が把握しているか	
	187	時間帯別保育者の配置	必要有資格者数に不足がないか、また過多（必要性が第三者において妥当と判断できない）ではないか	
	188	職員の離職率	1年間での離職率が50%を超えていないか、離職理由を的確に把握できているか	
	189	職員（間）への情報共有	職員への情報共有が的確に行われているか（朝礼・昼礼等を行うや連絡ノートを活用するなど）	
	190	職員の連携	保育やその他の業務が職員間の連携のもと行われているか（部屋を出る際に声を掛けているか、準備・実施・片付けが円滑に行われているかなど）	
	191	研修参加の状況	職員の資質向上の為に、保育部研修や自治体・外部団体主催の研修に定期的に職員が参加しているか（職員体制を考慮）	
	192	苦情解決制度の整備	苦情解決のための体制が整備されているか、第三者委員を委嘱しているか	
	193	運営委員会の実施	運営委員会が定期的に実施されているか、またメンバーに利用者の代表・施設の幹部職員・第三者委員が含まれているか、実施内容が公表、議事録が保管されているか	
	194	保護者会・面談の実施	年に2回以上、保護者会ならびに保護者面談を実施しているか	
	195	家庭からの実費徴収	重説に記載されていない実費徴収に関して事前に保護者への説明・同意が得られているか	

運営 ⑰礼儀・服装・応対　項目数 8　指摘数 0

指摘	No.	監査項目 / 指摘内容（監査観点）	是正報告（監査観点）	是正日
	196	挨拶・表情	相手の顔を見て、明るい声・表情で挨拶ができているか	
	197	礼儀・言葉遣い	社会人として一般的なマナーや言葉遣いができているか	

198	頭髪・髭の状態	長い髪を束ねているか、頭髪に清潔感があるか、髪色が明るすぎないか、髭を生やしていないか	
199	爪の状態	爪が伸びていないか	
200	アクセサリー・香水	アクセサリー(結婚指輪等を除く)を付けていないか、香水等の匂いがキツくないか	
201	エプロン・服装	エプロンや服装が乱れていないか、汚れていないか	
202	電話応対	最低でも5コール以内に電話に出るか、応対内容は適切か	
203	保護者応対	言葉遣いや表情、話の内容は適切か	

運営　⑱保育内容　項目数 20　指摘数 0

指摘	No.	監査項目 指摘内容(監査観点)	是正報告(監査観点)	是正日
	204	個々の発育・発達状況の把握	職員個々の把握状況とクラス内での認識に相違がないか	
	205	家庭状況の把握	保護者の就労・疾病状況や家庭環境、家庭での子育て状況をおおよそ把握できているか	
	206	アレルギー児の把握	アレルギー児とそのアレルゲンを把握しているか	
	207	連絡帳の記載内容	未満児は項目に未記入場所がないか、以上児は記載内容がガイドラインに沿っているか、共通事項として文章表現が適切か	
	208	午睡確認の実施	定時毎に確認が行われているか、0,1歳児は手を当てるなど目視以外の確認を行っているか顔色が確認できるよう適度な明るさが確保されているか	
	209	午睡時の仰向け寝の徹底	0,1歳児のうつぶせ寝を直しているか(入眠時以外)	
	210	子どもへの言葉掛け	指示・命令を多用していないか、禁止・否定的な言葉を多用していないか	
	211	子どもの自由な遊びの制限	限られた玩具で特定の狭い空間において遊ばせていないか	
	212	子どもの行動の制限	壁際に座らせるなどして長時間待機させていないか、一斉行動を多用していないか	
	213	食事の介助方法・進め方	食事を無理やり食べさせていないか	
	214	授乳の方法	授乳時の哺乳瓶の角度などマニュアルに準じて行われているか	
	215	オムツの交換方法	都度手の消毒をしているか、大便時には手袋や使い捨てシート等を使用しているか、マニュアルに準じて行われているか	

	No.	監査項目 指摘内容（監査観点）	是正報告（監査観点）	是正日
	216	調乳の方法	エプロンは専用のものに付け替えているか、三角巾はしているか、手洗い・消毒はしているか、調乳方法はマニュアルに準じているか	
	217	嘔吐物の処理方法	処理の際の身支度、処理の手順はマニュアルに準じて行われているか、把握しているか	
	218	散歩時・戸外活動時の子どもへの確認	散歩に出発する前や戸外活動前に子どもへ約束事などを確認しているか	
	219	散歩時・戸外活動時の人数確認	出発前・目的地到着時・活動中・復路出発時・施設到着時に子どもの人数確認を行っているか	
	220	戸外活動前の安全確認	園庭や代替公園などで活動する際に、子どもが遊びを始める前に危険物や不衛生物の有無等を確認しているか	
	221	なないろ体操の実施	なないろ体操を定期的(月4回以上)に行っているか	
	222	玩具の消毒	定期的に玩具の消毒を行っているか（乳児・感染症発生時は毎日、以外は1か月に1回程度）、ピューラックスの希釈濃度を把握しているか	
	223	その他	監査項目外の指摘があれば記載	

運営	⑲給食提供		項目数 15	指摘数 0
指摘	No.	監査項目 指摘内容（監査観点）	是正報告（監査観点）	是正日
	224	手・爪の状態	爪が伸びていないか、清潔か、手に怪我がある場合は手袋を二重にしているか	
	225	服装の状態	毎日洗濯をしているか、清潔か、	
	226	手洗い方法	爪ブラシを使用して、手首まで洗い、アルコール消毒をしているか	
	227	まな板の分別使用	まな板を食材の種別毎（野菜果物・魚・肉・加工品など）に分別して使用しているか	
	228	包丁の分別使用	包丁を食材の種別毎（野菜果物・魚・肉・加工品など）に分別して使用しているか	
	229	ダスターの分別使用・アイキャッチ	ダスターを目的別に使用し且つ用途別に色分けをするなどしているか	
	230	常温放置	調理完了から提供まで30分以上常温で放置されていないか	
	231	味付け	味付けが各年齢にあったものか、検食の結果が反映されているか	
	232	盛り付け	盛り付けが雑になっていないか、皿の汚れなどをふき取っているか	
	233	提供時間(2時間以内)	火入れ後2時間以内に給食が提供されているか	

No.	監査項目	是正報告（監査観点）	是正日
234	飲料の作成	ガイドラインに沿った作成が行われているか	
235	設備・調理器具等の消毒方法	場所・機材毎にアルコールや次亜塩素酸での使い分けをし、消毒を行っているか	
236	害虫駆除の実施状況	発生の有無に関わらず年に2回以上実施しているか	
237	食物アレルギー対策	食物アレルギー児の給食提供に関して有効な対策が取られているか、また施設内での共通認識に差異はないか	
238	その他	監査項目外の指摘があれば記載	

運営　⑳安全・危機管理　　項目数 6　指摘数 0

指摘	No.	監査項目／指摘内容（監査観点）	是正報告（監査観点）	是正日
	239	避難場所の把握	第一・第二避難場所を把握しているか	
	240	消防担当の把握	災害時の役割分担を各職員が認識できているか（消防担当表に基づく）	
	241	登降園時の安全確認	保護者の送迎の際に、開錠前に顔・送迎カード等を確認しているか	
	242	散歩・戸外活動時の防犯対策	戸外での活動時に防犯ブザー等や携帯電話、緊急連絡先一覧等を持参しているか、また活動場所や経路の変更を職員が独自に行っていないか	
	243	救急救命講習の受講状況	小児の心肺蘇生・異物除去・止血などに関する救急救命講習を受講している職員がいるか（2年以内に2名以上）	
	244	個人情報の管理	個人情報に類する資料は鍵付きの書庫などに保管されているか、USB等でデータの持ち帰りをしていないか、スマホでブログ写真の撮影をしていないか	

Data Info

総項目数		指摘項目数		基礎点数		減点数		評価点	
環境	87	環境	0	環境	87	環境	0	環境	100
書類	94	書類	0	書類	188	書類	0	書類	100
運営	63	運営	0	運営	63	運営	0	運営	100
合計	244	合計	0	合計	338	合計	0	合計	100

5 給食について

　小規模保育での給食の提供は原則として必須です。そのため、自園調理するための調理室を設け、実際に調理を行わなくてはなりません。

　調理スタッフは保育者とは別に採用します。この場合に望ましいのは、栄養士や調理師を採用することです。できれば常勤で採用したほうがよいでしょう。ただし、8時間ではなく、6時間でも間に合う作業量と時間ですので、時短形式での採用も視野に入れると応募数も増えてくると思います。

　実際に自園で調理を行うに関しては、2通りあります。

　1つ目は、完全自園精製することです。

　この場合には、献立の作成も食材の調達も調理もすべて自園内で行います。しかし、かなりの労力が発生しますので、小規模保育単体では採算が合わない方法かもしれません。ただ、保育園の特徴として、食育に特化してこだわるのであれば、自園精製がよいと思います。

　2つ目は、業務委託です。

　この場合には、献立の作成や食材の配達は、専門業者に委託することができます。どこまで専門業者に委託するかがポイントとなりますが、一般的に行われているのは、献立の作成と食材の配送までではないでしょうか。調理員は、自園で採用しますので、定期的に届けられる献立と食材を使って調理します。業者によっては、調理員を派遣してくれるところもあります。

　調理を提供する際に、気をつけることは衛生管理とアレルギーです。

　衛生管理については、菌を殺菌した状態、増殖しない状態で調理室を閉めることが必須ですので、調理室管理は極めて重要です。また、アレルギーに関しても、除去食などの誤提供などがないように、調理スタッフと保育者の毎日のコミュニケーションも大切です。

6 保険内容について

　通常、保育園での保険としては、賠償保険と傷害保険に加入します。いろい

ろな形での保険がありますので、加入に際しては各保険会社の商品を比較検討してみてください。

ここでは、小規模保育で推奨できる一般的な額と例で説明します。

賠償責任保険は1名5,000万円、1事故10億円が上限のものがよいでしょう。園に過失があり、法的に賠償責任がある場合に使用されます。

賠償責任保険は、2つに分かれています。施設賠償責任保険と生産物賠償責任保険です。施設賠償責任保険は保育園の管理下中の事故に適用され、生産物賠償責任保険は給食やおやつを作った結果、園の責任で食中毒になったりしたときに適用されます。

傷害保険は死亡200万円、入院3,000円、通院1,500円という内容が一般的かと思います。園の責任に関係なく、管理下中に偶然・急激・怪我などの条件によって保険が適用されます。

他にも、保育園内で考えられ、適用される事故例としては、「ドアに指を挟んで通院」、「ブランコが額に当たり裂傷」、「園児同士が衝突して、口内を切る」、「走り回っていて転倒して骨折」などがあげられます。これらの障害に対する保険は、傷害保険が全て適用されます。その際、園に過失があれば賠償責任保険も適用されます。

7 嘱託医について

小規模保育では、原則、嘱託医が必要で、主な依頼事項は健康診断です。

保育園では年に2回、園児の健康診断を行う必要がありますが、一般的には近くの小児科や内科の医院に行くことがほとんどです。健康診断の内容は、視診と聴診器をあてる、口の中を見てもらうなど、比較的、簡単なものですが、他にも、園で突発的になにか起こった場合に相談することもあります。

嘱託医に関しては、自ら探す、自治体が紹介してくる、医師会に打診して紹介してもらうなど、自治体によっても変わってきますので、まずは保育課と相談しましょう。

自分で嘱託医を探す際は、開園地の近くの小児科や内科に声をかけますが、

まずは、地図やインターネットなどでクリニックを調べ、電話をして、「今度、保育園を〇〇で開くのですが、嘱託医をお願いできますでしょうか」と連絡します。クリニックの方針にもよりますが、「年に2回であればいいよ」と引き受けていただけることが多いようです。

その後、直接会って内容の確認を行った上で嘱託医契約を締結します。その場合、健康診断の料金に定めはないので、直接交渉となります。地域にもよりますが、一般的には1人当たり2,000～3,000円程度です。ただし、最近は上昇傾向にあります。補助体制がある自治体の場合は、その補助額を基準に決めるのもよいでしょう。

保育者の健康診断を依頼することも可能ですが、項目が全く異なります。1人7,000円くらいの健康診断が一般的です。

8 連携施設について

小規模保育の設置にあたって必須なのが、連携施設です。

連携施設とは、その名の通り、小規模保育と連携する施設のことで、小規模保育事業の特性（2歳児までの事業、小集団での保育）を鑑みて、小規模保育事業の認可基準として、①保育内容の支援、②卒園後の受け皿の役割を担う「連携施設」を設定することが求められています。

ここでいう「連携施設」とは、認定こども園、認可保育所、幼稚園になります。小規模保育は2歳児までの受け入れなので、卒園する3歳以降の受け入れ先についての確保を求められます。

たとえば、0、1、2歳児が、3、8、8の定員割りの小規模保育の場合、8名分の卒園時の受け入れ先を確保しなければなりませんが、一般的にどこの施設も満所の状態ですので、新たに受入れるのは現実的にかなり厳しいのが現状です。

ただし、小規模保育と連繋施設は必ずしも「1（施設）：1（施設）」の関係ではなく、「1：複数」、「複数：1」、「複数：複数」も認められるので、複数の幼稚園や保育所と連携することもできます。自治体によっては連携保育所の確保

ができてからの申請となるところもあります。

また、自治体によっては、公立認可保育所による受入れを可とするところもありますが、公立も私立と同じく満所の状態なので、積極的に受け入れを検討する自治体は多くはないのが現実です。

そこで、考えられる解決策を、いくつか記載してみます。

①連携施設を探す

　⇒これは、既存の連携施設ではなく、新設の認可保育園で探します。一般的に、新設の認可保育園は0～2歳児はすぐに定員一杯になるのですが、3歳児以上が満所になるには時間がかかります。ですから、小規模保育からの卒園時の受入れは可能である場合がほとんどなので、新設の認可保育所との連携は可能性が高いといえます。

②認可保育園を設置する

　この場合、認可保育園は60名以上の定員設定が多いのですが、制度上20名以上から施設型保育である認可保育園となるので、まず先に19名の小規模保育を設置して、その後に近隣にもう1つ同規模程度の保育園を20名定員以上となるように設置します。

　そうすることで、0～2歳児の小規模保育と、3歳児以上の認可保育園とすることも、自治体との相談によっては、可能性は十分にあります。

③分園を設置

　⇒先述の②と似ていますが、小規模保育を認可保育園へ移行する方法です。小規模保育を設置して、その後にやはり近隣にもう1つ同程度規模の保育施設を設置します。2つの園を1つの園としてみなし、どちらかを本園に設定し、もう一方を分園とすることで、1つの認可保育園が完成します。

　ただし、この方法の場合は、小規模保育と認可保育園では財源の使途が異なるとの判断が入る可能性もあるので、最初に設置した小規模保育の取り扱いについては自治体との相談が必要です。

もし、連携施設が見つからない場合は、①～③の方法を模索してみることを

視野に入れてみましょう。

おわりに

　本書は、小規模保育について、基本的には初版の内容に沿って情報を更新しました。保育業界から少し視野を広げて、福祉業界として見てみると、初版を出版した2014年から現在までの3年間においては、小規模保育以外についても大きな変化がありました。

　まず、2014年は、障害者の権利に関する条約の批准書を国連に寄託し、日本が141番目の締約国となった年です。そして、翌2015年には、「子ども・子育て支援法」が施行され、本書のタイトルでもある小規模保育が正式にスタートし、今日まで急激に増加してきました。さらに2016年6月には、閣議決定された「日本一億総活躍プラン」の中で「地域共生社会の実現」が記載され、同年7月には「我が事・丸ごと地域共生社会実現本部」が設置されました。この本部では、1993年からフィンランドで実施されているラヒホイタヤ制度のような医療福祉資格の共通基礎科目制度案が以前より議論されており、他にも介護と障害を一体化する共生型サービスなども議論されています。2017年2月に地域共生社会の実現に向けての工程表が公表され、4月には保育所保育指針が改定され、2018年には合理的配慮の提供義務の観点から精神障害者を法定雇用率の算定基礎に加える等の措置を講じられるなど、現在もめまぐるしく変化している最中です。

　特に、保育所保育指針の改定では、その改定の方向性として、(1) 乳児・1歳以上3歳未満児の保育に関する記載の充実、(2) 保育所保育における幼児教育の積極的な位置づけ、(3) 子どもの育ちをめぐる環境の変化を踏まえた健康及び安全の記載の見直し、(4) 保護者・家庭及び地域と連携した子育て支援の必要性、(5) 職員の資質・専門性の向上、の5つが中間報告に盛り込まれており、家庭との連携、幼稚園教育要領との整合性、障害のある子どもの積極的な受け入れなども盛り込まれています。保育の質については、保育所保育指針による

と、質とは資質のことであり、その資質は保育士の知識や技術といった「専門性」と向上心と倫理といった「人間性」であると解釈できますが、前述した共生社会に向けては、その専門性の範囲も変化してくることになります。

　以上は、変化の中のごく一部ではありますが、今後、日本の少子高齢化がさらに進行し、縮小社会に向かって行く中で、さらなる変化が待ち構えている福祉業界においては、インクルージョンの考え方が欠かせません。インクルージョンとは包括と訳され、包括とは「一つにまとまる」という意味です。文部科学省初等中等教育分科会の「共生社会の形成に向けたインクルーシブ教育システム構築のための特別支援教育の推進（報告）」において、「幼稚園における特別支援教育の充実は、保育所等における早期支援とともに、教育委員会等による就学期における教育相談・支援の充実の中で図られることが適当である」とされていることからも、幼稚園と保育園の整合性、そしてこども園のさらなる増加が見込まれており、実際に東京都や大阪市では教育委員会から「就学前教育カリキュラム」が幼稚園と保育園に向けて配布されています。

　ここまで共生社会という言葉を使いましたが、この共生とは、文字通り「共に生きること」であり、ここでは「異なる立場の人たちが一緒に生活すること」を指します。男性、女性、高齢者、障害児者、子ども、外国人など様々な立場がありますが、障害者の権利に関する条約を批准した上で議論されている共生社会においては、当然、健常者と障害児者との共生が求められているといえます。

　読者の中には、保育における共生やインクルーシブの考え方は、1975年から実施されている統合保育（障害児保育）の強化ではないかと思う方もおられるかもしれませんが、統合保育とインクルーシブ保育の考え方は根底から異なります。統合保育は健常児の中に障害児が存在する状態ですが、インクルーシブ保育はそもそも健常児と障害児という住み分けで考えられているわけではなく、包括的であるためです。障害の中でも、近年急激に増加している発達障害児。これまではいわゆる「気になる子」などという表現をされてきました。発達障害は、自閉症スペクトラム、注意欠陥・多動性障害（ADHD）、学習障害（LD）を指します。乳幼児の段階では診断にまで至るケースは稀ですが、その

発達に合わせた保育や教育を行うことで十分に社会に適応できるようになる可能性があります。

　1974年から現在まで、日本の保育所では発達障害児に対しては保育士を加配して配置することで対策としています。しかし、加配された保育士は他の保育士同様に障害児の専門家ではありません。これに対し、自治体によっては巡回によって保育士をカウンセリングしたり、保育内容を指導したりするなどして対応していますが、「保育士の発達障害児保育に対する専門性」という根本の解決には至っていません。保育には、学校のような特別支援学校教諭免許などの仕組みがないため、専門性を高める方法が確立していないことも原因の一つでしょう。

　また、ここで根本的に問題となっているのは、まだ一歳半検診も受診していない乳児の段階で入園した乳幼児の状況は誰にもわからないということです。そのまま2歳、3歳、4歳と成長していった場合、その子の周りにいるのは専門家ではありません。共生社会の実現に向けて急速に進む中、発達障害児が児童発達支援を利用すると支援計画書を作成して療育を受けることができますが、保育園に通うと同様の計画書が作成されることはないなど、発達障害児保育問題については未解決のままです。

　このように、日本はまだまだ共生社会に向けて、各種制度を整えている段階といえますが、これから小規模保育を運営される方は、以上のような視野も持って保育所経営に取り組んでいただけたら、一人一人にあった保育計画を意識することになりますので、必然的に質も向上すると思います。身長や体重の発達が一人一人異なるように、脳機能や身体機能の発達も一人一人異なります。一人一人に合わせた計画を立てられるようになるということは、どのような子どもを目の前にしても、適切に課題設定ができるということです。つまり、質を担保する専門性を、何のために身につけるのかというと、「どのような子どもを目の前にしても、適切な教育やサービスを提供できるようになるため」です。

　これは、保育所保育指針に「子どもの発達について理解し、**一人一人の発達過程に応じて保育すること。その際、子どもの個人差に十分配慮すること**」と

あるように、発達障害者支援法に「発達支援とは、発達障害者に対し、その心理機能の適正な発達を支援し、及び円滑な社会生活を促進するため行う**発達障害の特性に対応した**医療的、福祉的及び教育的援助」とあるように、介護保険法に「要介護者の**心身の状況等に応じて適切な**〜」とあるように、あらゆる福祉法に記載されてある内容です。

　以上のように、子どもたち一人一人に合わせることができる専門性を身につけて、その内容を向上させようとする人間性を高めることで、保育者としての資質が高まることにもなります。そのためにも、本来の保育の目的に立ち返ることが大切だと思っています。

【著者プロフィール】
貞松 成（さだまつ じょう）
1981年長崎県生まれ。株式会社global bridge HOLDINGS代表取締役。大学在学中から少子高齢化問題に取り組み、「おじいちゃんおばあちゃんによる保育」を考える。2007年に保育事業、2008年に介護事業を創業。2010年に、介護と保育を融合させた「かいほの家」事業をはじめる。
著書に『介護と保育で日本を変える　世代間交流施設かいほの家のつくりかた』、『世代間交流施設の挑戦　介護と保育はどのように融合しているか』（編著）などがある。

増補改訂版　小規模保育のつくりかた
待機児童の解消に向けて
2018年2月20日　初版第1刷発行

著　者　貞松 成
発行者　渡辺弘一郎
発行所　株式会社あっぷる出版社
　　　　〒101-0064 東京都千代田区猿楽町2-5-2
　　　　TEL 03-3294-3780　FAX 03-3294-3784
　　　　http://applepublishing.co.jp/
組　版　Katzen House
印　刷　モリモト印刷

定価はカバーに表示されています。落丁本・乱丁本はお取り替えいたします。
本書の無断転写（コピー）は著作権法上の例外を除き、禁じられています。
© 2018 Joe Sadamatsu printed in Japan

好評既刊

世代間交流施設の挑戦
保育と介護はどのように融合しているか

一般社団法人日本事業所内保育団体連合会：編著

定価：本体1800円＋税
四六判並製/248頁
ISBN 978-4-87177-338-6 C0045

高齢者しかいない、子どもしかいない施設ってそもそも不自然？ 同じ施設に高齢者、子ども、障害者が一緒にいたらどうなるんだろう？
そこで私たちは、全国各地にある複合型施設、共生型施設を訪問することにしました。本書では、その取り組みと、お年寄りと子どもへの効果をご紹介します。